ちくまQブックス

法は
君のためにある

みんなと
うまく生きるには？

小貫篤

筑摩書房

本文イラスト
米村知倫

まえがき

きみは今日学校に行くときに、電車に乗りましたか。電車に乗る、自動販売機《はんばいき》でジュースを買う、友だちからお土産《みやげ》をもらう、こうした何気なくやっていることにはすべて法が関係しています。また、部活動の大会に出る人をどのように部活内で選べばよいのでしょうか。これには部活のルールが関係しています。こう考えると、わたしたちはルールや法に囲まれて生活しているといってよいでしょう。きみの身近にはどのようなルールや法があるか、少し考えてみてください。

わたしは中学・高校で社会科・公民科を教えている教員なので、学校の中のルールを挙げてみます。わたしが前につとめていた高校では、運動部の上下関係がきびしく、1年生が、2年生や3年生と話すときは絶対に敬語を使っていました。最初はとまどっていた1年生も2学期ごろになると自然と敬語で話すようになります。1年生が2

年生になり、新入生が入ってくると、また同じようなことが繰《く》り返されます。このように繰り返し行われて、みんなが守らなければならないようになったものは慣習とよばれます。これはルールの一種です。

また、わたしが朝、駅のホームで電車を待つときには、行列に並びます。いくら早くいきたいからといって電車を待っている人の行列に割り込《こ》んだら、きっとトラブルになるでしょう。整列して待ち、その列には割り込まないというのも、法律で書かれているきまりではないけれど、なんとなくみんなが従っているルールですよね。

生徒に「身近な法を言ってみて」ときくと、「道路交通法！」という声が真っ先にあがります。これは、みんなが道を安全に歩いたり走ったりするための法律です。

このような法ルール（「きまり、ルール、法律」というのは長いので、この本ではまとめて「法ルール」ということにしましょう）は何のためにあるのでしょうか。いいかえると、法ルールの根っこにある大切な価値（これを、「法の基本的な価値」ということにします）は何なのでしょうか。きみには「法ルールはなんであるんだろう」、「法の基本的な価値ってなんだろう」という問いを頭のかたすみに置きながら、この本を読み進めてほしいと思います。

そうはいっても、きみは、なんで「法の基本的な価値」なんてことを知る必要があるの？　と思うかもしれません。それは、法の基本的な価値を知っておくと「みんなとうまく生きていける」からです。

たとえば、わたしがつとめている学校には、音楽祭があります。クラスで合唱をするという行事です。音楽祭の練習は、がんばって賞をとりたい人が指揮者やピアニストになって、クラスの練習を仕切っていきます。しかし、練習に来ないで、あまりやる気がないようにみえる人がいます。指揮者やピアニストはそのような人に対して繰り返し注意して練習に来させようとしますが、全員が来るわけではありません。そうなると、指揮者やピアニストは「自分はがんばっているのに何でやらないんだよ」と思って、来ない人に対して言い方がきびしくなります。そうすると、言われたほうはますます練習に来なくなり、関係が悪くなっていきます。

これと同じようなことは、きみの学校にもあると思います。ここで、法の基本的な価値を知っているとどうなるでしょうか。法が大切にしている価値はいろいろとありますが、最も基本的なものは左のような図になります。

まず、「人はみんなちがうし、人のことはわからない」ということを前提にします。自分とあらゆる点でまったく同じ価値観の人はいないでしょう。そこで、もしかしたら相手は自分とはまったくちがう考えを持っているのかもしれない、何か事情があるのかもしれないと考えてみるとどうでしょう。音楽祭の練習をする場合、指揮者は練習に来ない人に「なにか練習に来られない事情でもあるの？」と聞くことができます。すると、たとえば推薦《すいせん》入試が迫《せま》っているのかもしれませんし、親に塾《じゅく》に行けと強く言われていて練習どころではないのかもしれません。または、認知症《しょう》のおばあさんの介護や、保育園に通っている弟のお迎《むか》えに行かなければならないという事情があるのかもしれません。「人はみんなちがうし、人のことはわからない」とはこのような意味です。みんな同じ考えでなく、価値の多元性を前提にしているのです。

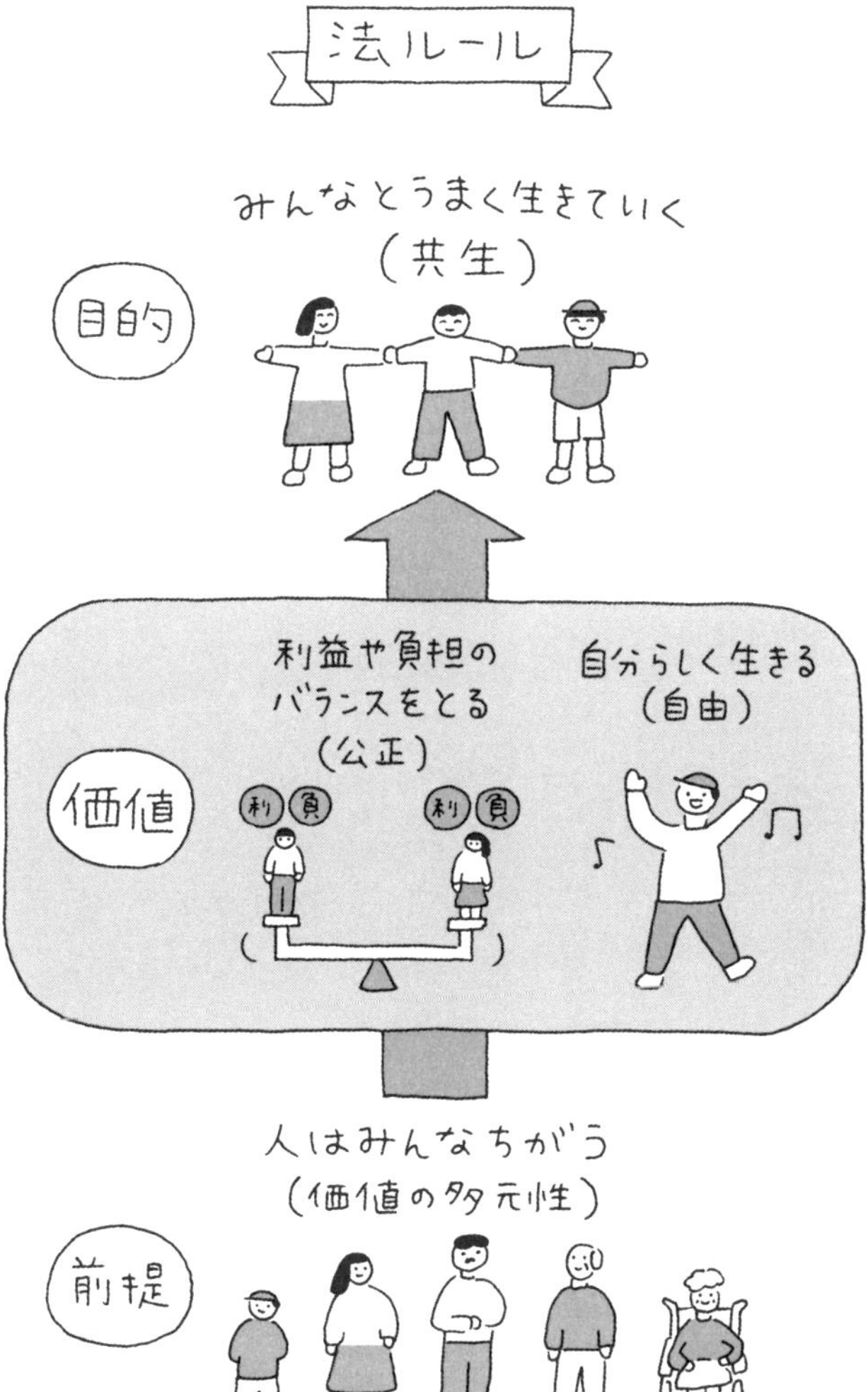
法ルール
みんなとうまく生きていく
（共生）
目的
利益や負担の
バランスをとる
（公正）
自分らしく生きる
（自由）
価値
利 負
利 負
人はみんなちがう
（価値の多元性）
前提

そのうえで、みんなで音楽祭の練習をするためには、互《たが》いの意見を言いあって、それぞれの考えや事情に合わせてバランスよく練習の日程を組む必要があります。たとえば、水曜日の放課後2時間だけは来てもらうことにしたり、他のパートと時間をずらしたり、オンラインで自宅から参加してもらったりといろいろな方法が思いつきます。これは、みんなが公正になるように「バランスをとる」ことであり、「自分らしく生きる」自由を確保するということを意味します。そうした努力があって、みんなで音楽祭の練習に参加して合唱を成立させることができるのです。これが「みんなとうまく生きていく」、つまり共生ということです。法的な価値を意識すると、自分とは考えのちがう人たちともうまくやっていきやすくなるのです。つまり、法ルールはみんなとうまく生きるためのものといえるでしょう。

法ルールがみんなとうまく生きるためのものであるならば、その内容は固まったものではなく、変えることができるはずです。音楽祭の練習に水曜日の放課後2時間は参加すると決めたけれど、どうしても外せない別の用事が急に入った場合、その法ルールを変えることができなければ「みんなとうまく生きる」とはいえないでしょう。もちろん、いったん決めたものを簡単に変えたら、指揮者やピアニストは怒《おこ》ってしまいます。そうではなく、いったん決めたけれど、どうも不都合が多いということであれば、変えられる柔軟《じゅうなん》性が必要なわけです。**法ルールはかちっと固定されたものではなく、変わっていくことができるもの**なのです。

　この本の内容は、わたしがこれまで中学生や高校生に行ってきた社会科・公民科の授業や、実際にわたしや中学生が経験したことがもとになっています。学校にはさまざまな生徒がいます。法ルールに興味がある生徒もいますが、そうでない生徒も多くいます。できるだけ多くの人に楽しんで授業を受けてもらうために、具体的な場面と問いをつくり、自分で考えることができるようにしてきました。ぜひ、この本を使って、学校や社会で起きている問題を自分の頭で考えてみてください。

目次

この本のガイドマップ

この本の1章から7章までで取り上げていることを図にすると、次のようになります。それぞれのテーマにはcaseを2つ載《の》せています。1つはわたしや生徒が経験したできごとをもとにした事例です。もう1つは、社会的なできごとや思考実験です。1つめのできごとを考えるための素材として、2つめの事例を紹介《しょうかい》しています。まずは、それぞれのcaseについて、自分だったらどうするか考えてみてください。そのときに、「利益や負担のバランスをとる（公正）」、「自分らしく生きる（自由）」といった法の基本的な価値を頭の片隅《かたすみ》に置きながら、考えてもらうとよいと思います。

1章から7章は、中学3年生のタツルくんの1年間に起こったできごとを春から冬になるようにならべています。どこから読んでもよいようになっていますので、興味があるところから読んでみてください。

タツルくん	テーマ	考えてほしいこと	取り上げる法ルールの価値	主に関係する法分野
中学3年4月のできごと 	契約 （1章）	契約って何？	自分らしく生きる（自由） 	民法
中学3年5月のできごと 	プライバシー （2章）	プライバシーってなんで大事？	自分らしく生きる（自由） 	民法 憲法
中学3年7月のできごと 	過失と責任 （3章）	だれがなぜ責任をとるの？	利益や負担のバランスをとる（公正） 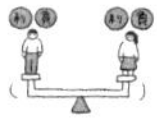	民法
中学3年8月のできごと 	配分の正義 （4章）	限られたものを分けるときに、どう分ければよい？	利益や負担のバランスをとる（公正） 	法哲学
中学3年9月のできごと 	交渉と紛争解決 （5章）	どちらも満足する方法は？	利益や負担のバランスをとる（公正） 	法社会学
中学3年10月のできごと 	性とアウティング （6章）	アウティングはなぜいけないの？	自分らしく生きる（自由） 	憲法 民法
中学3年1月のできごと 	アファーマティブ・アクション （7章）	入試での平等って何？	利益や負担のバランスをとる（公正） 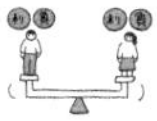	法哲学 憲法 民法

第1章 電車の遅れは遅刻の言い訳にならない？

契約

キーワード	考えてほしいこと	取り上げる法ルールの価値
契約自由の原則、契約自由の原則の修正	**契約って何？**	**自分らしく生きる（自由）**

1 電車が遅れた！

きみは学校に電車で行きますか？

わたしがつとめている学校では、多くの生徒が電車で登校します。電車が遅《おく》れているときには、生徒が1時間目の授業に間に合うよう、教室にばたばたと駆《か》けこんできて授業がはじまります。きみも電車に乗っていて、事故などで到着《とうちゃく》が遅れたことがあるでしょう。電車が遅れたせいで授業に間に合わなかったとき、遅刻《ちこく》をなかったことにしてほしいと思いませんか。これについて次の事例を考えてみてください。

case 1

遅刻をなかったことにしてほしい！

4月、中学3年生になったばかりのタツルくんは、電車で学校に通っています。家の最寄《もよ》り駅から2つ隣《となり》の駅まで電車に乗ります。ある日うっかり目覚まし時計をかけずに寝《ね》てしまいました。翌日、起きるとなんと始業40分前です。急げば家のドアから学校の教室まで30分で行くことができます。ギリギリ間に合うと思って走りましたが、駅に着くと電車が15分遅れています。結局、教室に着いたのは授業がはじまって20分後でした。

運の悪いことに1時間目は、きびしいハルカ先生の授業でした。ハルカ先生は、やっぱり「なんで遅れたの!」と怒《おこ》っています。タツルくんは、「電車が遅れなければ間に合っていました。僕《ぼく》のせいではなく電車の遅れが原因なので、遅刻をなかったことにしてほしいんですが……」と言いました。すると、ハルカ先生に「そんなの理由にならないでしょ! 電車は遅れることがあるんだから、早く家を出なさい!」とますます怒られてしまいました。タツルくんは「すみません……」と言ってその場をやりすごしましたが、「学校に遅れたのは、電車のせいじゃん……。遅刻をなかったことにしてほしいよなぁ」と納得《なっとく》できず、もやもやしたまま一日をすごしました。

　鉄道会社は、時間どおりにお客さんを運ばなければならないのでしょうか。また、電車が遅れたことを理由に遅刻をなかったことにできるでしょうか。

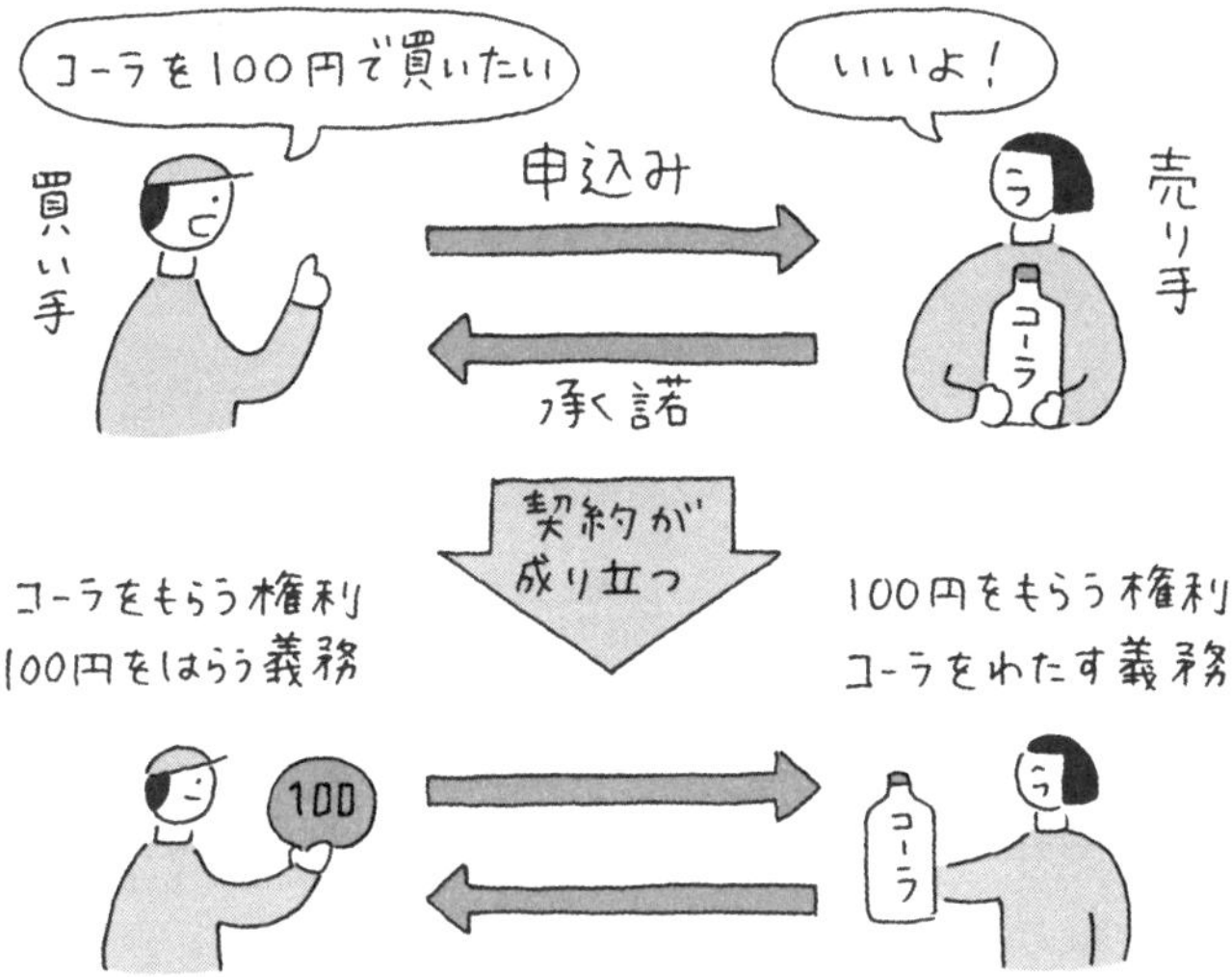

ｃａｓｅ１では、２つの契約《けいやく》が隠《かく》れています。１つは、タツルくんと鉄道会社の契約です。もう１つは、タツルくんと学校の契約です。

実は、わたしたちが電車に乗るとき、鉄道会社と契約を結んでいるのです。契約とは、約束を結ぼうとする人たちの意思表示（考えを表すこと）が合致することで成立する約束のことです。たとえば、買い手が「コーラを１００円で買いたい」といい、売り手が「いいよ」といえば契約が成り立ちます。「コーラを１００円で買いたい」というのを申込《もうしこ》みといい、「いいよ」という返事のことを承諾《しょうだく》といいます。申込みと承諾によって契約が成り立つと、お互《たが》いに権利と義務が生まれます。売り手には１００円をもらう権利と、コーラをわたす義務があります。買い手にはコーラをもらう権利と、１００円をはらう義務があります。いったん契約を結んだら、義務を果たさなければなりません。義務が果たされない場合は、裁判所に訴《うった》えて義務を果たすように強制することを求めたり、損害賠償《ばいしょう》を請求《せいきゅう》したりすることができます。

　タツルくんが電車に乗るときに結んだ契約は、鉄道会社がお金と引きかえにお客さんをある駅から別の駅まで運ぶというものです。この契約では、電車の遅れについてはどのようになっているのでしょうか。鉄道会社のホームページに載《の》っているルール（これは約款《やっかん》とよばれます）を見てみましょう。

　たとえば、ある鉄道会社の約款には、「電車が2時間以上遅れて駅に着いたときには、責任をとって運賃を払《はら》い戻《もど》します」とあります。ここに書かれていること以外について、鉄道会社は電車が遅れたからといって責任をとる必要はないのです。つまり、電車が15分遅れたからといって鉄道会社は義務を果たしていないとは言えません。

現実に、電車が遅れて損をしたからお金を払ってほしいと裁判を起こした人がいました。その人は、電車に乗って仕事に向かっていましたが、電車が何度も遅れて仕事に間に合いませんでした。そして、「仕事に遅れて、知人との待ち合わせにも遅れた。そのせいで取引先や知人に信用されなくなってしまった。また、精神的にも大きな被害《ひがい》があった」として、鉄道会社にお金の支払いを求めて裁判を起こしました。

この人は、鉄道会社の責任を制限する約款が無効だといいましたが、２００６年に東京地方裁判所は判決を下し、この約款は有効としました。その理由は、鉄道会社が電車の遅れの責任をいちいちとってお金を払っていたら、安くたくさんのお客さんを運ぶことができなくなるからです。鉄道会社の契約上の義務は目的地までお客さんを運ぶことで、（大《おお》幅《はば》に遅れたとき以外は）時間どおりにお客さんを運ぶ義務はないということなのです。

ただし、鉄道会社が遅延証明書を出すときもありますよね。タツルくんが遅延証明書を手に入れて「遅延証明書があるから学校は遅刻をなかったことにしなければならないはずだ」といった場合はどうなるのでしょうか。実は、遅延証明書は単に電車が遅れたという事実を表しているにすぎません。そのため、遅延証明書の扱《あつか》いについては、タツルくんが学校と結んだ契約の内容に従わなければならないのです。

◆そもそもなんで契約ってあるの?

契約という考え方は、歴史的に出てきたものです。契約は、契約を結ぼうとする人が自由にその内容を決めることができます。どのような契約をするか（契約内容）、だれと契約をするか（契約相手）、どのような形式で契約をするのか（契約形式）、そもそも契約を結ぶのかどうか（契約締結《ていけつ》）といったことはすべて自由です。

これは当たり前のようですが、昔は自由に職業を選んだり、自由に経済活動をしたりすることができませんでした。市民革命以降、市民は自由にものを売ったり買ったりすることを求めるようになりました。その根底には、自分が持っているものや自分で手に入れたものは自分のものであるという考え方があります。この考え方を所有と言い、その権利を所有権と言います。所有権を持っていれば、だれにも指図されずに自由に自分のものを売ったり貸したりすることができます。

そして所有権を持つ自由で平等な市民が、ものを自由に売ったり買ったりすることで、資本主義は発展してきました。そのようなプロセスのなかで、「だれと、どのように、どんな内容の契約を結ぶか（結ばないか）」を当事者どうしが自由に決めることができる原則が生まれました。この原則のことを**「契約自由の原則」**と言います。契約自由の原則は、自分が考えたとおりに「自分らしく生きる（自由）」という法の基本的な価値を実現しようとしている考え方と言えるでしょう。

この考え方は社会を維持《いじ》していくうえで、とても大切です。もし契約という考え方がなかったらどうなるでしょう。安心してものを売ったり買ったりすることができません。契約を結び、守ることでいろいろなモノやサービスを便利により安く手に入れることができるのです。また、きみが将来会社をつくりたいと考えたとき、仲間と約束して会社を立ちあげたり、銀行からお金を借りたりするかもしれません。これらも契約という考え方がな

契約自由の原則

内容	具体例
契約の相手を決める	だれから買うか
契約の内容を決める	何を買うか
契約を結ぶか決める	買うか、買わないか
契約の方法を決める	口約束か、契約書か

かったら実現できません。このようにわたしたちは、他者と契約を結ぶことで、自分のやりたいことを実現していくことができるのです。つまり、社会がうまくまわっていくために契約は不可欠なのです。

◆きみも知らないうちに契約している

タツルくんは、「電車に乗るときに契約書にサインしていないから、契約していない」とか、「契約の内容を知らないから、合意していない」と言うかもしれません。

まず、「契約に契約書は必ず必要なのか」を考えてみます。契約をする人たちの申し込みと承諾があれば、口約束でも契約は成り立ちます。なぜ契約書をつくることがあるかというと、トラブルを防いだり、裁判になったときに証拠《しょうこ》にしたりするためです。

次に、「契約の内容を知らないから契約は成り立たないのか」を考えてみます。たしかに、鉄道会社がホームページなどで示している約款をすべて読んでいる人は少ないでしょう。そこに何が書かれてあるかも知らないのがふつうです。しかし、電車やバスに乗るときや、ホテルに泊《と》まるとき、宅配便を利用するときのように、多くの人と会社との間で契約が結ばれる場合、一人ひとりと契約を結んでいては時間や手間がかかります。そこで、そのような場合は原則として、契約をする人の間に約款に従う意思があったものとするという考え方がとられています。きみも電車に乗るとき、実は知らないうちに契約をしているのです。

このように考えていくと「電車に乗るときに契約書にサインしていないから、契約していない」とか「契約の内容を知らないから、合意していない」というタツルくんの主張を認めることはできないでしょう。

2 契約はいつも守らなければならない？

契約はいちど結んだら守らなければなりませんが、例外もあります。次の事例はどうでしょうか。

case 2 コーラを飲めば戦闘機をもらえる？

１９９６年、アメリカでのできごとです。21歳《さい》のジョンは、コーラについている券を７００万ポイント（約８０００万円）集めれば戦闘《せんとう》機がもらえるというテレビＣＭをみて、戦闘機がどうしても欲《ほ》しくなりました。10セントで1ポイントが買えるキャンペーンだったため、お金をかき集めて700万ポイントに相当する70万ドルをコーラ会社に送りました。しかし、コーラ会社は「CMに冗談《じょうだん》はつきもの。8000万円分の当社の製品の代金と引きかえに26億円もする実際の戦闘機がもらえるというのはおかしい」と言って取り合いません。ジョンは、テレビCMが、戦闘機を与《あた》えるという「申込み」であり、必要なポイントとお金を送ったことが「承諾」になるとして、戦闘機を求めて裁判を起こしました。ジョンはコーラ会社から戦闘機をもらえるでしょうか。

これは、アメリカで本当にあった裁判です。この事件を担当した合衆国地方裁判所は、次のように考えました。「テレビCMは、学生が戦闘機で通学するというありえない状況《じょうきょう》が映されていて、これはジョークとわかるはずだ。また、1機約26億円もする戦闘機が8000万円で手に入るなんて常識ある視聴《しちょう》者ならそんな高価な景品はもらえないとわかるはずだ。」このように考えて、テレビCMはポイントと戦闘機を交換する申込みではなく、コーラ会社がジョンに戦闘機をわたす必要はないと結論づけたのです。

これは、アメリカのできごとですが、日本ではどのようなときに契約が無効になったり取消されたりするのでしょうか。

まず、社会的に認められないような契約は無効です。たとえば、お金をわたして裏口入学をしようとして入学できなかったとしても、そのお金を返すように求めることはできません。裏口入学が反社会的なものだからです。これを、公序良俗《こうじょりょうぞく》に反すると言います。次に、赤ちゃんやお酒を飲みすぎている人がした契約は無効です。また、借金のある人が自分の家が差し押《お》さえられることを逃《のが》れるために、友だちに家を売ったことにして差し押さえられないようにするなどのウソの契約は無効になります。相手が意思表示をしているけれど、その意思表示を本当に実行しようとする気がないことを知っていたり知ることができたりした契約は無効となります。たとえば、「嘘《うそ》ついたら針千本のーます」というゆびきりげんまんを本気にする大人はいないですよね。

契約が無効になるもののほか、だまされたりおどされたりして結ばれた契約は取消すことができます。また、勘違《かんちが》いでした契約は取消すことができます。ただし、簡単に取消すと相手は困ってしまうので、勘違いの契約がすべて取消すことができるわけではなく、裁判所の判断にゆだねられます。さらに、未成年の人が、おこづかい程度以上の金額の契約を結ぶ場合は、保護者の同意がなければ契約することができません。契約したとしても本人や保護者の申し出によって取消すことができます。

このような契約の無効や取消しは、**「契約自由の原則の修正」**といわれます。契約を結ぶ人どうしが持っている情報や交渉《こうしょう》力が対等でなければ、自由に契約をしているとは言えません。そのため、「自分らしく生きる」という法の基本的な価値を実現するために、契約自由の原則の修正がほどこされているのです。

◆タツルくんの遅刻はどうなるの？

契約ということからタツルくんの遅刻をもう一度考えてみましょう。タツルくんと鉄道会社で結んだ契約は、約款によれば時間に遅れないということは書かれていません。そのため鉄道会社に責任はありません。タツルくんと鉄道会社の契約は、公序良俗に反するものではないですし、勘違いで結んだ契約ではありません。そうなると、タツルくんの「遅刻をなしにしてほしい」という言い分はハルカ先生に聞き入れてもらえないのでしょうか。

ここで、タツルくんと学校とで結んだ契約が使えるかもしれません。学校によっては入学するときに、「校則に従います」というような書類に生徒と保護者のサインを求めることがあります。この契約にもとづくと校則にどのように書かれているかということが重要です。校則に「交通機関に混乱が生じたときには、遅刻として扱わない」といったことが書かれていれば、その契約を理由にして「遅刻をなしにしてほしい」ということができるでしょう。

この章では、鉄道会社やコーラ会社、学校との契約を取り上げました。このほかにも契約はきみのまわりにたくさんあります。どのような契約があるのか考えてみてください。

さまざまな契約は、それぞれの自由を守り、「みんなとうまく生きていく」ためにあることがわかるはずです。

第2章

自分の画像をSNSに載せられた？

プライバシー

キーワード	考えてほしいこと	取り上げる法ルールの価値
プライバシー、個人情報、忘れられる権利	プライバシーってなんで大事？	自分らしく生きる（自由）

1 自分の画像がアップされたら

きみの通っている学校は、携帯《けいたい》電話やスマートフォンは使用禁止ですか。それとも、自由に使えますか。中学校では使用禁止か、学年が上がるにつれて使用を認めているというところが多いと思います。携帯電話やスマートフォンはとても便利な反面、注意すべき点もたくさんあります。たとえば、友だちにスマートフォンで撮影された恥《は》ずかしい過去の写真がインターネットに載《の》せられていたらどうでしょう。イヤだなと思うでしょうし、進学や就職のときに不利になるかも……と心配になるかもしれません。その写真や情報は削除《さくじょ》してほしいですよね。削除してほしいというとき、どんな根拠《こんきょ》にもとづいて主張すればよいのでしょうか。次の事例を通して考えてみましょう。

case 1

修学旅行で別行動をしている画像がSNSにアップされた

タツルくんが通っている中学校では3年生の5月に修学旅行に行きます。修学旅行ではグループ別行動があるので、本部や生徒間で連絡《れんらく》がとれるように携帯電話やスマートフォンをもつことが認められました。タツルくんは、親友のサトルくんと同じグループになり、とても楽しみにしていました。

修学旅行のグループ別行動中、タツルくんとサトルくんはどうしても行きたいお店があり、グループの仲間に声をかけて、2時間だけ二人はグループから離《はな》れて別行動をすることにしました。行きたかったお店についたタツルくんとサトルくんはテンションがあがり、タツルくんがスマートフォンでお店の前にいるサトルくんの様子を撮《と》って、「みんなと別行動中」というコメントとともに画像をＳＮＳにアップしました。

修学旅行から帰ったあと、サトルくんはこの画像に気がつきました。ずっとこの画像がインターネット上に残っていたら、将来、進学や就職のときに困ったことになるかもしれません。サトルくんはあわてて、タツルくんに削除してもらいました。しかし、すでに何人かに拡散されているようです。どうすればよいかわからなくなったサトルくんは、思い切って担任のハルカ先生に相談してみました。

◆そもそもプライバシー権の成り立ちは？

case1は、**プライバシー権**に関するトラブルです。まずは、プライバシー権とはいったいどのようなものか確認しましょう。

プライバシー権は、もともとは19世紀末のアメリカで「放っておいてもらう権利」として主張されました。これについては、弁護士で実業家でもあったウォーレンと、のちにアメリカの最高裁判所の裁判官になるブランダイスという人が書いた「プライバシー権」という論文が有名です。ウォーレンは地元のボストンではお金持ちとして有名でしたので、ボストンの新聞に妻のパーティのようすや、娘《むすめ》の結婚《けっこん》のことなどが細かく報道されました。家庭の中のできごとを新聞にあれこれ書き立てられたくないと思ったウォーレンは、いっしょに働いていたブランダイスと過去の判例を調べあげて、「プライバシー権」という権利を提唱しました。

この後、プライバシー権が侵害《しんがい》されたという裁判がアメリカのあちこちで起きて、少しずつ確立していきます。さらには、個人と新聞という民間人どうしだけでなく、国家と個人でもプライバシー権が問題になっていきました。国が個人の生活にどこまで口を出してよいのか、ということが問題になっていったのです。１９６０年代には憲法で守られるべき権利として認められていきました。

◆プライバシー権にはどんな意味があるの？

日本では、１９６０年代に「『宴《うたげ》のあと』事件」で、はじめて裁判所によってプライバシー権が認められました。『宴のあと』は、東京都知事選挙に立候補した元大臣が料亭《りょうてい》の女将さんと再婚して離婚《りこん》するまでの様子を描《えが》いた小説です。モデルとされた人が、私生活をのぞき見されてプライバシーを侵害されたとして裁判を起こしました。東京地方裁判所は、プライバシー権を「私生活をみだりに公開されない権利」としました。そして、「公開された内容が私生活の事実または事実らしく受けとめられるおそれがあること」、「ふつうの人が公開してほしくないと考えられること」、「一般《いっぱん》の人にまだ知られていなくて、知られると不快に感じること」の３つを満たしているときにプライバシー侵害になると述べ

ました。

　１９９０年代に入るとインターネットの登場などで、情報化が進みました。いままでは、集められた個人情報が知らないところで使われたり、第三者にわたされたりするおそれが出てきています。そうしたことから、プライバシー権は、自分についての情報をみずから管理する権利（自己情報コントロール権）として考えられるようになっています。実際、個人情報を扱《あつか》う企業《きぎょう》や行政は、目的を明らかにしてその目的の範囲《はんい》で個人情報を取り扱うこと、別のだれかに個人情報をわたす場合は本人の同意を取ること、本人からその情報を見せてほしいとか訂正《ていせい》してほしいなどと言われたりしたら、それに応じることが「個人情報保護法」という法律で定められています。

自分の情報をだれに教えるか決めることは、だれとどのような関係をつくるのか決めるということです。そのため、プライバシー権は、自由に人間関係をつくるためにとても大切な権利です。これは、「自分らしく生きる」自由という法の価値と深くかかわっているのです。

◆ユーチューブの広告で気まずい空気に？

きみもユーチューブで動画を見るでしょう。ここにも個人情報やプライバシーがかかわっています。たとえば、好きな人とユーチューブの動画の話がはずんで、いっしょに自分のスマホでその動画をみていたとします。そのときに、便秘薬の広告が表示されたら恥ずかしいですよね。そういえば、最近おなかの調子が悪くて昨日ユーチューブやグーグルで便秘について検索《けんさく》したんだった！　と思い出しても、気まずい空気は元にもどりません。

グーグルの検索サービスをきみはタダで使えますが、その理由はここにあります。データを集めてそれをもとにして広告を出し、広告主などからお金を得ているのです。それ自体は違法《いほう》ではありません。ただ、膨大《ぼうだい》な個人情報を集めて、個人に合わせて的確な広告を打っているということに対して、なんとなく不安を抱《かか》えている人は多くいます。こうした現状から、日本政府はデータを集めることを制限するように動き出しています。たとえば、ある人の犯罪歴や病気の情報、支持する政党などの差別や偏見《へんけん》につながりかねない情報を企業が得たとします。そのとき、企業はその情報を広告のためのデータとして使うことができないようにする取り組みが進められつつあります。

2 「忘れられる権利」ってあるの？

タツルくんとサトルくんのトラブルを考えるために、参考となる裁判があります。

case 2

昔の政治的な主張を
ネットから消してほしい！

Aさんは10代だった２０００年代前半、日本に住む外国人の支援《しえん》をするという ある団体の考えに賛成していました。そこで、その団体の賛同者リストに名前を載せました。そのリストは団体のホームページにアップされました。

Aさんはそのあとリストのことはすっかり忘れていましたが、２０１０年代になって、偶然《ぐうぜん》あるサイトにそのリストが転載《てんさい》されていることに気がつきました。成人したAさんは、昔とはちがう考えに変わっていました。もともとアップしていた団体のサイトを見てみると、すでにそのリストは削除されていました。そこで、転載されたホームページを管理するプロバイダに自分の名前を削除するようにお願いすることにしました。しかし、プロバイダからは「あなたとリストにある名前の人が同じ人かわからないため削除することはできません」といわれてしまいました。

困ったAさんはプロバイダに削除をしてほしいと福岡地方裁判所に訴《うった》えることにしました。

裁判でのAさんの主張は「プライバシー権などが侵害された」でした。地方裁判所は、Aさんとリストに載っている人は同じ人であることを認めましたが、「賛同者として名を連ねる場合、その事実が外部に公表されることは予定されている」として、「プライバシー権などが侵害されたとはいえない」と述べました。

Aさんは福岡高等裁判所に控訴《こうそ》して、「未成年のときと今では考えがちがう。それなのに公表されて、今の考えのように多くの人に見られることは、プライバシー権が侵害されているといえるのではないか」と主張しました。また、ヨーロッパで認められつつある

「忘れられる権利」にも触《ふ》れて「未成年のときの政治的な考えを知られたくないというのは保護に値《あたい》する。わたしの言い分は妥当《だとう》だ」と述べました。結局、プロバイダはサイトから名前を削除することで、高等裁判所で和解が成立しました。

◆「忘れられる権利」がある？

この裁判で主張された「忘れられる権利」とは何でしょうか。「忘れられる権利」とは、インターネット上の個人情報について、グーグルなどの検索サイトに対して、検索結果からの削除をもとめる権利のことです。

ＥＵでは、２０１４年にはじめて「忘れられる権利」を認める判決がありました。また、個人情報を守る規定がつくられ、インターネット上の自分の個人情報を消すようもとめる権利が定められました。子どもの個人情報は大人よりも保護されることも定められています。

日本では、２０１７年に最高裁判所が、「プライバシーを公表されない利益が、公表される利益よりも明らかに上回るときに限って検索結果の削除ができる」と判断しました。比べるときの基準としては、インターネットに載っている事実や被《ひ》害《がい》の程度などがあげられました。ただ、「忘れられる権利」が認められるかどうかについては触れませんでした。

◆ハルカ先生のとった行動は？

サトルくんの相談を受けたハルカ先生は社会科の先生です。ハルカ先生はプライバシー権や「忘れられる権利」について知っていましたので、事の重大さに気がつきました。ハルカ先生は、まず、タツルくんとサトルくんをよんで、二人が別行動をしたことについて本来は集団行動であること、学校としてタツルくんとサトルくんの安全を確保できなくなることを説明して、注意しました。その上で、プライバシー権は個人が自由で幸せに生きるために必要な権利

であることや、忘れられる権利について説明しました。そして、すでに多くの人が画像を拡散している場合は、事業者に消すようにお願いするようになることも話しました。二人は、驚《おどろ》きましたが、反省もしています。そこで、ハルカ先生は、学年の他の先生と協力して、二人だけでなく画像を拡散したと思われる生徒とじっくり話し合い、削除するようにお願いすることにしました。その結果、全員に画像を削除してもらうことができました。

今回のタツルくんとサトルくんのような事例は、現実の社会で今後も起きてくると思います。もしかすると、きみが何気なくアップした画像や文が友だちのプライバシーを侵《おか》すようなことがあるかもしれません。そのようなとき、プライバシー権は、すべての人が「自分らしく生きる」ためにとても大切なものであることを思い出してください。お互《たが》いにプライバシーに配慮《はいりょ》することが、「みんなとうまく生きていく」ために必要なことなのです。

第3章

ボールで自転車が壊れたらだれの責任？

過失と責任

キーワード
過失、責任

考えてほしいこと
だれがなぜ責任をとるの？

取り上げる法ルールの価値
利益や負担のバランスをとる（公正）

1 うっかり壊しちゃった……

きみは、うっかり人のものを壊《こわ》してしまったことはありますか。たとえば、ボールで遊んでいて窓ガラスを割ってしまったり、友だちから借りた本にうっかりジュースをこぼしてしまったり……。わたしがつとめている学校でも生徒が誤って物を壊してしまうことがあります。そのようなとき、だれが、どのように責任をとればよいのでしょうか。

case 1

テニスボールが自転車に当たったら

7月、学校が休みの日のことです。テニス部のタツルくんとサトルくんは、近所のさくら公園でテニスの練習をすることにしました。さくら公園は学校のグラウンドくらいの広さの公園で、遊具があるエリアと、広場があるエリアに分かれています。タツルくんとサトルくんがテニスをするのは広場があるエリアです。

そこには、サッカーをやっている数人の小学2、3年生くらいの男の子たちと、見守っているお母さんたちがいました。男の子たちは自転車でやってきたらしく、広場に自転車が数台とまっていました。サトルくんとタツルくんは乗ってきた自転車をテニスのネットに見立てて、テニスをはじめました。

しばらくして、タツルくんが打ちそこなったボールが男の子たちの自転車に当たって、1台の自転車が倒《たお》れてしまいました。タツルくんはかけよって自転車を起こしましたが、ハンドルが曲がってしまって、もとに戻《もど》そうとしても戻りません。男の子は泣きそうになっており、男の子のお母さんは「この自転車はきのう買ったばかりなのよね」といっています。そのいい方にムッとしたタツルくんは「倒してしまってすみません。でも、広場の真ん中に自転車を置いておいたら、ボールが当たってしまうこともありますよ」といいました。男の子のお母さんは「そのいい方は何

よ。当てたほうが悪いんじゃない。ハンドルを弁償《べんしょう》してよね」といい返してきました。そういわれて、タツルくんは困ってしまいました。タツルくんはハンドルを弁償すべきなのでしょうか。

◆なんで弁償しなくちゃいけないの？

タツルくんは、ボールを打ちそこなって自転車に当ててしまいました。わざとボールを当てたわけではありません。それでもハンドルを弁償しなければならないのでしょうか。順番に考えてみましょう。

まず、民法という法律では「わざとや、うっかり人のものを壊したときは、弁償しなければならない」とされています。この「うっかり」のことを、法的には**「過失」**といいます。過失とは、被《ひ》害《がい》が起こると予想できて避《さ》けることができたのに、避けなかったことを意味します。タツルくんは、「男の子の自転車のハンドルが曲がると予想できたか」、

「避けることができたのに回避《かいひ》しなかったと言えるか」が問題となります。

タツルくんは、テニスをする前に、男の子に自転車を別のところに移してもらうように声をかけたり、離《はな》れたところでテニスをしたりできたはずです。そもそも、男の子たちがサッカーをしていないときにテニスをすればよかったわけです。これらから、タツルくんの行動は過失といえるでしょう。

次に、タツルくんがボールを打ちそこなって、男の子の自転車のハンドルを曲げてしまいました。これは、その男の子やお母さんが自転車に対して持っている「所有権」という権利を侵《おか》したということになります。きみも自分のものを壊されたら、困ったり嫌《いや》だなと思ったりするでしょう。自分には持っている権利や守られるべき利益があって、それを他の人に侵されたら困るわけです。これを「権利・利益侵害《しんがい》」といいます。

さらに、曲がった自転車のハンドルをもとに戻すといくらくらいかかるのでしょうか。これは自転車屋さんに行ってみてもらう必要がありますが、ハンドルそのものが曲がったわけではなく、左右にハンドルがずれているだけのようです。そうであるならば、もしか

タツルくんがハンドルを弁償しなければならない理由

	法のことば
・被害が出ると予想できたのに、避けなかった	過失
・男の子やお母さんの所有権を侵した	権利・利益侵害
・男の子とお母さんが損をした	損害
・タツルくんの打ちそこなったボールが当たったからハンドルが曲がった	因果関係

したら、タダで直してもらえるかもしれません。その場合は、弁償する必要がなくなります。このように、ものを壊したときはいくら被害があったのかを考える必要があります。これを「損害」といいます。

最後に、ハンドルが曲がったのは、タツルくんの打ちそこなったボールが当たったからです。ボールを打ちそこなうということと、ハンドルが曲がるということは、原因と結果の関係になります。これを「因果関係」といいます。もし、打ちそこなったボールが自転車にぎりぎり当たらずに、その1秒後に男の子たちのサッカーボールが当たって自転車のハンドルが曲がったとしたらどうでしょう。タツルくんが弁償する必要はありませんよね。つまり、タツルくんの不注意が原因でハンドルが曲がるという結果になったということがない限り弁償する必要はないのです。

　タツルくんが弁償するとしたら、その理由は「被害が出ると予想できたのに、避けなかった（過失）」、「男の子やお母さんの所有権を侵した（権利・利益侵害）」、「男の子とお母さんが損をした（損害）」、「ハンドルが曲がったのはタツルくんのせいだから（因果関係）」、の4つになります。これらの理由がそろうと、「タツルくんはハンドルを弁償すべき」ということになります。これを民法では、**不法行為《こうい》**といいます。

　不法行為が規定されている理由は、侵害された利益を回復して「**利益や負担のバランスをとる**」ためです。つまり、公正さという法の価値を実現するためと考えられています。

2 だれが責任をとるのが正しいの？

タツルくんの場合は、４つの理由がそろいそうです。ただ、タツルくんは中学3年生ですので、仕事をしてお金をかせいでいるわけではありません。毎月、お母さんからもらっているおこづかいから弁償することになるのでしょうか。それとも、タツルくんのお母さんやお父さんが弁償するのでしょうか。

民法では、「自分がしたことが違法《いほう》かどうかわかる能力がない人は、賠償《ばいしょう》しなくてよい」ということになっています。たとえば赤ちゃんや幼い子どもがものを壊したときに、赤ちゃんに「不注意だ！　法的な責任をとれ！」といっても仕方がありません。そこで、自分のしたことの意味がわかって法的な責任がとれる人が責任をとるという考えです。これは、**「責任能力」**といわれるものです。いくつになったら責任能力があると決まっているわけではありませんが、おおむね小学校を卒業する12歳《さい》あたりが目安といわれています。赤ちゃんや幼い子どもなど責任能力がない人が、ものを壊したり、人を傷つけたりしたときは、お母さんやお父さんなどが責任をとることになります。実際には、次のような事例がありました。

case 2

子どもが他人にケガをさせたら親のせい？

2002年のことです。小学5年生の男の子Bくん（10歳）は、公園で妹がすべり台などで遊んでいるのを見守っていました。その近くで、小学4年生の男の子二人（ともに9歳）がキャッチボールをしていました。二人は17mほど離れて、ピッチャー役とキャッチャー役でボールを投げあっていました。

そのとき、ピッチャー役の子がボールを投げそこなって、Bくんの胸に当たってしまいました。Ｂくんはその場に倒れ、救急車で病院に運ばれました。病院で手当てをしましたが、そのかいもなく数時間後に亡《な》くなってしまいました。その後、Ｂくんの保護者は、キャッチボールをしていた二人の両親を相手どって、約６２５５万円の支《し》払《はら》いを求めて裁判を起こしました。キャッチボールをしていた二人に過失はあるでしょうか。もしあるとしたら、だれがその責任をとるのでしょうか。

仙台《せんだい》地方裁判所は、男の子二人の両親に連帯して約６０００万円を支払うよう命じました。その理由は次のようなものでした。ピッチャー役の子は野球チームに入っていて、友だちやお父さんとよくこの公園でキャッチボールをしていました。事故が起きたときは、ブランコやすべり台で遊んでいる子どもたちがいたので、そこでキャッチボールをしたら他の人に当たってけがをさせたり死なせてしまったりすることは予想できたはずです。それなのに、キャッチボールをやめさせなかったというのは過失にあたる、というのが裁判所の判断でした。

この判決に納得《なっとく》できなかった男の子二人の両親は、「ボールが当たって死亡することは予想できなかった」として仙台高等裁判所に控訴《こうそ》しました。結局、裁判官のすすめもあって、Ｂくんの保護者に男の子二人の両親が計３０００万円を払うことで和解することになりました。仙台地方裁判所の判決は、被害を受けた人や家族を救い、侵害された利益を回復することを考えたものでした。侵害された利益を回復するといっても、悲しいことですが亡くなったＢくんは戻りません。そこで、お金で侵害された利益を回復するという方法をとっているのです。そのような意味で、「利益や負担のバランスをとる」ような判決といえます。つまり、公正さという法の価値を実現しようとしたのです。

一方で、親の責任を問わない判決も出ています。２００４年、小学6年生（11歳）の男の子のけりそこなったサッカーボールが道路に飛び出し、バイクに乗っていた80代の男性がボールをよけようとして転びました。転んだ男性は寝《ね》たきりとなって約１年４か月後、

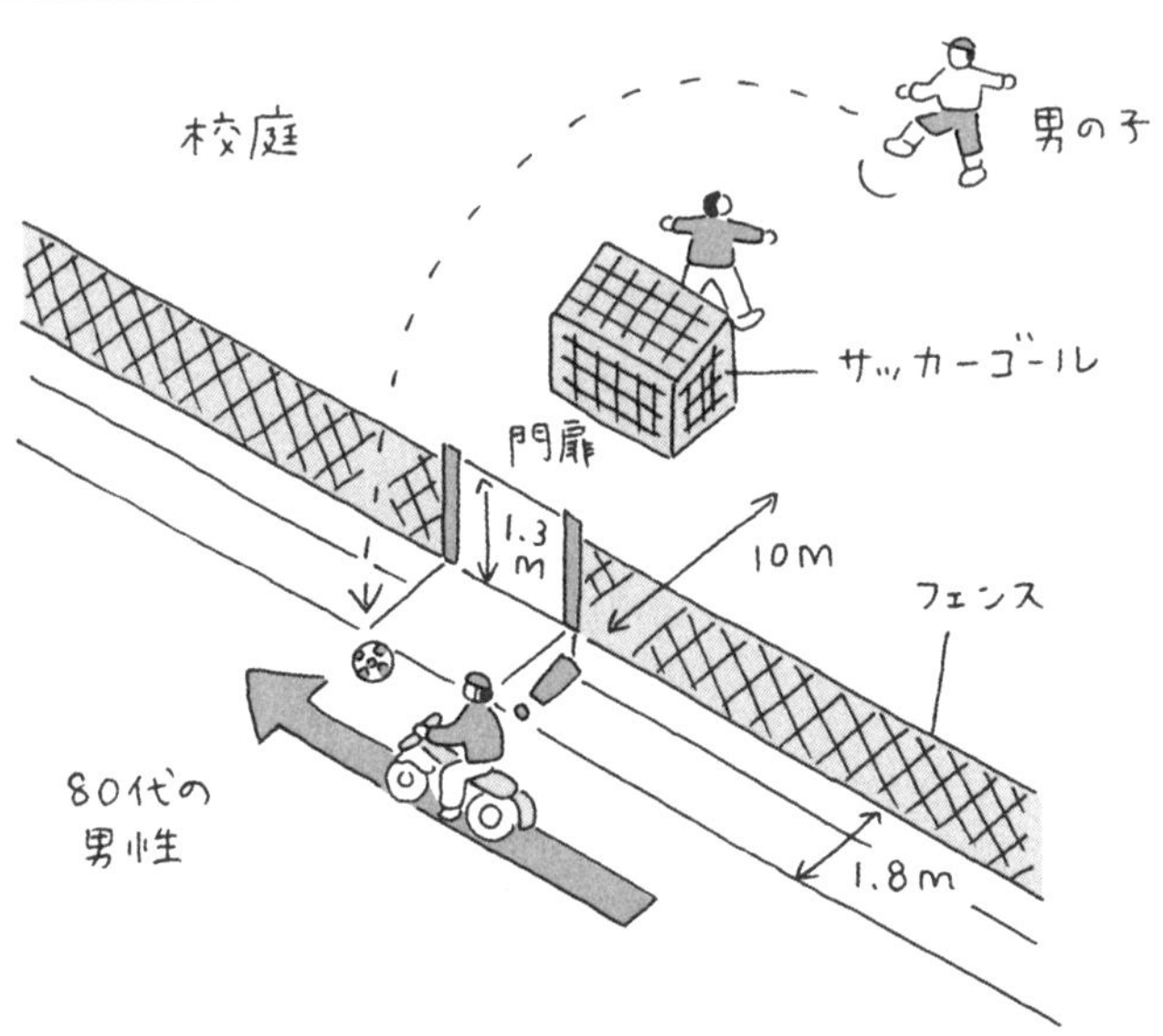

誤《ご》嚥性《えんせい》肺炎《はいえん》で亡くなりました。この事件で亡くなった男性の家族は2007年に約5000万円の支払いをもとめて裁判を起こしました。

　2015年に最高裁判所は、「学校のグラウンドでゴールに向かってフリーキックの練習をしていたという男の子の行動に問題はない。サッカーゴールの10メートル後ろには南門とネットフェンスがあって、道路との間には1・8メートルの側溝《そっこう》があり、ボールが道路に出ることはこれまであまりなかった。男の子は道路に向けてボールをけったわけではない。男の子のお父さんやお母さんは危ないことをしないように普段《ふだん》からしつけをしていた。この事故のように予想できない場合は、親は責任を負わない」として、親の責任を問わないという判断をしました。つまり、男の子はフリーキックの練習をしていただけであり、具体的な事故（サッカーボールが道路に出ること、ボールをよけようとしてバイクに乗っていたお年寄りが転ぶこと、寝たきりになること、誤嚥性肺炎で亡くなること）は予想できないし、社会で一般《いっぱん》的にされているしつけをしていたのでそれ以上の責任はとれないことを認めたのです。

これは、事故によって寝たきりになってしまったことは残念だけど、予想できないことにまで責任を負わせるのは「利益や負担のバランスをとる」とはいえないという判断を裁判所がしたことになります。キャッチボールの裁判と結論はちがいますが、この判決も公正さという法の価値を実現しようとしたといえるでしょう。

このように、本人に責任能力があるのか、ない場合はどこまで親が責任を負うのかというのは、それぞれのケースごとに具体的に考えていくことになります。

◆男の子の自転車はどうなった？

タツルくんの場合は、「被害が起こると予想できたのに、避けなかった」、「男の子やお母さんの所有権を侵した」、「男の子とお母さんが損をした」、「タツルくんの打ちそこなったボールが当たったからハンドルが曲がった」のです。そのため、4つの理由がそろっています。そして、タツルくんは、中学3年生なので、責任能力はあるでしょう。また、タツルくんだけでなく、一緒《いっしょ》にテニスをしていたのですからサトルくんにも責任があるといえそうです。

一方、サッカーをしていた男の子たちは、自転車を公園の真ん中に置いていました。公園の真ん中に自転車を置いたら、タツルくんたちのボールが当たるということも予想できるでしょう。そうなると、サッカーをしていた男の子たちにも落ち度があったといえそうです。

タツルくんとサトルくんはどうしたでしょうか。二人は、ハンドルが曲がった自転車を近くの自転車屋さんに持っていきました。自転車屋さんは「ハンドルが傾《かたむ》いただけだね。

こんなのすぐに直るよ」といって、器具を使ってすぐに直してくれました。タツルくんが「お金はかかりますか？」と聞くと、「これはいいよ、向きを直しただけだから」といわれました。ホッとしたタツルくんとサトルくんは、自転車を押《お》してさくら公園に戻り、男の子とそのお母さんに返しました。

タツルくんとサトルくんのように、きみも他の人のものを壊してしまうことがあるかもしれません。反対に、自分のものを壊されることがあるかもしれません。わたしたちはいろいろな人と一緒に生きている以上、こうした事故は起こるでしょう。そのときに、**わたしたちが責任をとるのは、どのようなときか、そしてそれはなぜなのかを**考えることが大切です。そしてこれを考えるときには、過失、権利・利益侵害、損害、因果関係という4つの理由と、責任能力という考え方をもとに考えてみるといいでしょう。

第4章

部活の大会にだれを出す？

配分の正義

キーワード	考えてほしいこと	取り上げる法ルールの価値
功利主義、「公正としての正義」、リバタリアニズム、コミュニタリアニズム	**限られたものを分けるときに、どう分ければよい？**	**利益や負担のバランスをとる（公正）**

1 部活のスタメン争い

きみは部活動に入っていますか。運動部に入っていたら、新人戦や総体にだれが出るべきか話し合いをしたことがあるでしょう。文化部に入っていたら、大会や展覧会にだれが出るか、だれの作品を出すかをめぐって頭を悩《なや》ませた経験があるかもしれません。

このような、限られた出場機会をめぐって話し合いをする場合、どのような考え方を使えばうまく解決できるのでしょうか。

次のcaseでは、まさにそれが問われました。

case 1

最後の大会にだれを出す？

8月、いよいよテニス部の最後の大会が近づいてきました。団体戦は3ペアが出場できます。タツルくんは親友のサトルくんとペアを組んでいました。部内で3番手か4番手とみられています。調子がよいと部内戦で2番手とされるペアに勝つこともあります。2番手のペアは2年生のペアです。

最近、部内でだれが大会に出るのかをめぐって口論がおき、部会が開かれました。そこではいろいろな意見が出てきました。たとえば、「校内で試合をやって勝った人が試合に出るべきだ」、「今までキャプテンが出場選手を決めてきたのだから、今まで通りキャプテンに任せるべきだ」、「試合に勝てばみんなで喜べるんだから、強いペアを試合に出すべきだ」、「3年間でまったく団体戦に出ていない3年生がいる。今まで試合に出ていなかった3年生を出すべきだ」……。どうやって決めればよいのでしょうか。

◆必要性、能力、適格性でものを分けてみる

部活動の大会への出場選手を決めることは、限られた地位をめぐる争いと言えます。まずは、少し広く、限られたものをどうやって分けるのが公正なのかを考えてみましょう。ここでいう「もの」とは、形のあるものだけでなく、評価、役割、罰《ばつ》などの形のないものもふくまれます。

ものを分けるにはいくつかの方法がありますが、中学生に聞いてみると、みんなにまったく同じように分けるという方法が最初に出てきます。たとえば、12歳《さい》の女の子、8歳の

男の子、6歳の男の子のきょうだいがいっしょにおやつを食べるとき、けんかにならないように全員にまったく同じポテトチップスを、同じ量だけあげるという方法です。きょうだいがいる人はこのような経験があるでしょう。しかし、12歳で食べ盛りのお姉ちゃんと、6歳でまだ保育園の年長さんの末弟が同じ量でよいのでしょうか。また、8歳のお兄ちゃんはポテトチップスがあまり好きではないかもしれません。そうしたちがいをまったく考えないで分けると、ムダや不満が出てきてしまいます。

そこで、法の世界では、「同じような人には同じように分けて、同じでない人には同じでなく分ける」という考え方がとられることが多いのです。しかし、どのように「同じだ」、「同じではない」と決めればよいのでしょうか。

このようなとき、**必要性**、**能力**、**適格性**という考え方が役立ちます。

必要性とは、分けられるものをどれだけ必要としているかということです。たとえば、先ほどのおやつの例でいうと、保育園から帰ってきたばかりでおなかがすいている弟と、少し前に学校から帰ってきたときに冷蔵庫にある枝豆をつまんでいたお姉ちゃんと8歳の

ものを分けるときに使える考え方

必要性

どれだけ必要としている？

能力

どれだけ有効に使える？

適格性

受け取るのにどれだけ値する？

お兄ちゃんでは、末弟のほうがよりおやつを必要としています。

能力とは、分けられるものをどれだけ有効に使えるかということです。たとえば、お姉ちゃんは体が大きいのでたくさん食べたりじっくりと味わうことができますが、末弟はまだ小さくてあまり多くを食べたり味わうことができません。お姉ちゃんのほうがより有効におやつを使えるといえます。

適格性は、分けられたものを受け取るのに、どれだけ値《あたい》するかということです。お母さんのいうことをまったく聞かないお姉ちゃんと末弟よりも、お母さんのいうことをよく聞くお兄ちゃんのほうが適格性があると、おやつを分けるお母さんは考えるかもしれません。

部活動の大会への出場選手を決めることも、これと同じように考えることができます。

３年間でまったく団体戦に出ていない３年生と、これまで団体戦に出てきた２年生では必要性にちがいがあるでしょう。能力という点で考えれば、試合に勝つために強い順番に出すべきということになるでしょう。部内戦という手続きを経て、そこで勝ったのだから試合に出られるというのは適格性を重視しているといえるでしょう。この３つの考え方を使うと、だれを試合に出すと公正に解決できるのか考えやすくなります。必要性、能力、適格性は、なかなか使える考え方なので、ほかの事例にも使ってみてください。

２　１つのものを分けるとき、どうすれば納得する？

必要、能力、適格性は使える考え方ですが、これで解決しないときもありますよね。そこで、次のたとえ話を使って、もう少し深く考えてみます。

case 2

「3人の少年と1本の笛」

3人の男の子アキラくん、カオルくん、アツシくんが1本しかない竹製の笛をめぐって争っています。

・アキラくん　7歳。他の二人よりも笛を吹《ふ》くのが上手。

・カオルくん　6歳。3人の中で一番貧しく、おもちゃはほとんど持っていない。

・アツシくん　6歳。道に落ちていただれのものかわからない竹をみんなで拾ってきた。その竹を自力で加工して笛をつくった。

3人の住んでいる村では、年上の言うことを聞くことが大切だという文化があります。きみが間に入って、この3人のだれに笛をわたすか決めるとしたら、だれにわたすべきでしょうか。

きみは、どう考えますか。ちょっと本を置いて考えてみてください。なぜその子に笛をわたすのか、その理由が大事です。

「年上の言うことを聞くべきだからアキラくんにわたす」べきでしょうか。「カオルくんが3人の中で一番貧しく、おもちゃもほとんど持っていない。もっとも恵《めぐ》まれない人の境遇《きょうぐう》をよりよくすることが大事だから、カオルくんに笛をわたす」のが正しいでしょうか。それとも、「アツシくんはがんばって笛を作り上げたのだから、笛はアツシくんのもの」でしょうか。ちょっとひねって、「笛を吹くのがうまい人が吹けば、いい気持ちになる人が増えるからアキラくんにわたす」と考えるでしょうか。これらは実は、いろいろな思想をあらわしています。順番に見ていきましょう。

まず、「年上の言うことを聞くべきだからアキラくんにわたす」というのは、その地域やグループが大切にはぐくんできたよさを重視する考え方です。わたしたちは、地域で大切にされている価値観を知らず知らずのうちに身につけていて、その価値観を重視してものごとを考えているということを前提にしています。このような考え方を **コミュニタリアニズム** とよぶことがあります。

次に、「カオルくんが3人の中で一番貧しく、おもちゃもほとんど持っていない。もっとも恵まれない人の状態をよりよくすることが大事だから、カオルくんに笛をわたす」というのは、もっとも恵まれない人の境遇がよくなることを重視する考え方です。もっとも恵まれない人を助ける理由は、その人を助けることで社会がよくなるはずと考えるからです。ちょっと頭の体操をしてみましょう。

法ルールがまったくない村があったとします。その村では、自分がどのような能力を持っているのか、どのような状態なのかまったくわかりません。お金を稼《かせ》ぐのがうまいかもしれないし、なんらかのハンディキャップがあって働くことができないかもしれません。スポーツにとてつもない才能があるかもしれないし、何かの病気にかかっているかもしれません。そうした自分の能力や状態がまったくわからないとして、これから法ルールをつくって、その村に社会を築くとします。そのときに、きみなら次のうちどのような法ルールの社会がいいと思いますか。

A　「働いて得たお金は全部自分のものになる。そのお金は自分ががんばった結果だから貧しい人にあげる必要はない」という社会。

B　「恵まれない境遇の人により多くのお金やものを与《あた》える」という社会。

どうでしょうか。Bを選んだ人が多いのではないでしょうか。自分がどのような能力を持っているのか、どのような状態なのかわからなかったら、自分が恵まれない境遇になることを考えるでしょう。そうなると、恵まれない人の境遇をよくするように法ルールをつくろうと考える人が多そうです。そのため、まずは競争のスタートラインをそろえて、その上で恵まれない人の境遇をよくするという社会をつくっていくことに反対する人はいないはずです。このような考え方を**「公正としての正義」**とよぶことがあります。

「アツシくんはがんばって笛を作り上げたのだから、笛はアツシくんのもの」というのは、自分の身体や才能によって手に入れたものは自分のもので、だれも侵《おか》すことができないということを重視する考え方です。「公正としての正義」のように境遇が悪い人の状況《じょうきょう》をよくするために自分のものを取り上げられるのは許されないと考えます。これは、個人の自由をとても尊重することを前提としています。このような考え方を**リバタリアニズム**とよぶことがあります。

最後に、「笛を吹くのがうまい人が吹けばいい気持ちになる人が増えるからアキラくんにわたす」というのは、人びとの幸せの合計が大きくなることを重視する考え方です。一人ひとりの幸せの合計が大きくなることが正しいことで、苦しさの合計が幸せの合計よりも大きくなるのは正しくないことだということを前提としています。このような考え方を **功利主義** とよぶことがあります。

「3人の少年と1本の笛」のたとえ話から、4つの考え方を紹介《しょうかい》しました。4つの考え方を使って、部活のスタメン争いを考えてみましょう。

◆もう一度スタメン争いを考える

タツルくんとサトルくんのテニス部の話し合いで出た意見は、次のようなものでした。「校内で試合をやって勝った人が試合に出るべきだ」、「今までキャプテンが出場選手を決めてきたのだから、今まで通りキャプテンに任せるべきだ」、「試合に勝つことでみんなで喜べるんだから、強いペアを試合に出すべきだ」、「3年間でまったく団体戦に出ていない3年生がいる。今まで試合に出ていなかった3年生を出すべきだ」。こうしてみると、リバタリアニズム的な意見、コミュニタリアニズム的な意見、功利主義的な意見、「公正としての正義」的な意見が出ていることがわかります。**意見を言う人と意見を聞く人が、自**

分はどのような考え方を重視しているのかを自覚することで、利益や負担のバランスを取り、公正に解決しやすくなるでしょう。

結局、今回のテニス部の話し合いでは結論が出ませんでした。しかし、その後もサトルくんとタツルくんなどの3年生だけでなく2年生や1年生を含《ふく》めた部員全員で話し合いました。そこでは、利益と負担のバランスをとることを意識して話し合われました。そして最終的には、「部内戦を行う、その結果だけでなくこれまでの出場機会を考慮《こうりょ》してキャプテンが決める」ということになりました。これでも、まだ不満はあるようです。なかなか全員が納得《なっとく》する結論を出すのは難しいでしょう。しかし、こうした話し合いの過程で納得感を持つ部員は増えていきました。こんな経験を通して部活はうまく回っていくのだと思います。やはり学校は、部活動を通して学ぶことも多いですね。

第5章 文化祭のトラブルをどう解決する？

交渉と紛争解決

キーワード
紛争解決、交渉

考えてほしいこと
どちらも満足する方法は？

取り上げる法ルールの価値
利益や負担のバランスをとる（公正）

1 文化祭でトラブルが起きた！

学校や家庭でけんかや口論などをしたことがあるでしょうか。年の近いきょうだいがいれば、家庭でよくけんかをするかもしれませんね。学校で友だちと意見がちがって口論になったこともあるでしょう。けんかや口論自体は、悪いことではありません。けんかや口論をしたときに、どのように利益や負担のバランスをとり、公正に解決していくかが大切です。まずは、次の事例を考えてみましょう。

case
１

どっちのクラスが教室を使う？

９月、タツルくんの学校では文化祭があります。中学校生活最後の文化祭なので、３年生ははりきっています。その文化祭の準備のとき、タツルくんのＨＲ教室をめぐって、タツルくんのクラスの委員長とサトルくんのクラスの委員長がもめました。

どちらのクラスも演劇をする予定です。スムーズに上演するために１階でドアが２つある教室を使いたいと、両クラスとも文化祭実行委員会に申請《しんせい》をしていました。１階でドアが２つある教室はタツルくんのＨＲ教室しかありません。文化祭実行委員会は、ＨＲとして教室を使っているタツルくんのクラスに使わせることにしました。

しかし、その後になって完成した脚本《きゃくほん》が公開されると、タツルくんのクラスの脚本ではドアを２つ使わなくても問題なく演劇ができることがわかりました。そのため、使う教室を交換《こうかん》してほしいという意見がサトルくんのクラスの委員長から出てきました。

タツルくんのクラスの委員長は、使う教室は決まったことなのだから、今さら変えるなんてできないといいました。話し合っても、お互《たが》いに譲《ゆず》らず、平行線のままです。このような時、どのようにトラブルを解決すればよいのでしょうか。

◆トラブルを解決するいくつかの方法

きみがタツルくんのクラスの委員長なら、どのようにこのトラブルを解決しますか。トラブルを解決するための方法は１つではありません。いくつか考えてみてください。

　まず、もっとも簡単な方法は、あきらめることです。しかし、そうなるとクラスの仲間から不満がでるでしょう。自分も後悔《こうかい》するかもしれません。あまりいい解決方法とは言えなさそうです。次に考えられるのは、サトルくんのクラスの委員長との話し合いです。話し合うことでうまい解決策がでてくるかもしれません。あるいは、文化祭実行委員会などの第三者に間に入ってもらってもいいかもしれません。二人よりも３人のほうがいい考えが出るかもしれません。または、２つのクラスの委員長が第三者に決めてもらうことに合意するという方法もあります。どうにもならない場合は、校長先生に決めてもらうという最終手段もあるかもしれません。

　このような解決方法は、現実の社会でも試みられています。二人で話し合って解決をめざすことは、**交渉**《こうしょう》とよばれます。第三者が二人の間に入って言い分を聞いた上で解決案を示し、二人がこれに合意して解決する方法は、**調停**といいます。第三者に決めてもらうことに二人が合意して、第三者が間に入って二人の言い分を聞き、解決策を出してそれに従う制度は、**仲裁**《ちゅうさい》とよばれます。交渉、調停、仲裁などではどうにもならない場合もあります。そのような場合は、裁判が行われることもあります。

2　利害が対立しているのを、どう解決に導くの？

ここでは、トラブルを解決するためのヒントとして、交渉の考え方を紹介《しょうかい》します。交渉というと、相手よりも多くの利益を得るための方法とか、相手を言い負かすためのものというイメージがあるかもしれません。たしかに交渉にはそのような面もあります。しかし、それだけではありません。交渉には、**利益と負担のバランスを取り、自分も相手もどちらも満足するような解決策をみつけるために話し合いをする**という、とても大切な意義があるのです。交渉の意義をわかりやすく示してくれるたとえ話があります。

case 2

「オレンジ紛争」

ある家で、お姉ちゃんがテーブルの上にオレンジを置いて、何かをしようとしています。そこへ弟がやってきました。弟は、オレンジを見つけて「あっ！ オレンジだ！ オレンジほしい！」といい出しました。お姉ちゃんは「だめだよ！ わたしが先に見つけたんだから！」といい、けんかになってしまいました。どう解決すればよいでしょうか。

このたとえ話の解決方法を中学生にたずねると、一番多い回答が「じゃんけんやくじ」です。じゃんけんやくじは、運や偶然《ぐうぜん》で決めるということでお互いに納得《なっとく》する方法です。

幼いころ、お母さんや先生から「じゃんけんで決めなさい」といわれた経験があるでしょう。これは、お互いに納得しやすいという点で、すぐれた方法です。実際に、偶然を根拠《こんきょ》にするという制度もあります。たとえば、公職選挙法という法律では、選挙で最後の1議席をめぐって同じ得票数になったとき、当選する人をくじで決めるという規定があります。ただ、オレンジ紛争《ふんそう》の場合、じゃんけんやくじで決めると、「なぜ分ける理由を考えずに、偶然だけで決めるのか。それはおかしい」と納得できずに不満が残ることもあるでしょう。

じゃんけんの次に多い回答が「早いもの勝ち」です。これは、早く見つけて手に入れたということを根拠にして、お姉ちゃんにあげるという方法です。じゃんけんよりは、お姉ちゃんにあげる根拠がはっきりしています。早いもの勝ちにもとづく現実の制度もあります。たとえば、だれも所有していないものは、最初に手に入れた人に所有権があるという先占《せんせん》の原則です。ただ、早いもの勝ちというルールになると、お姉ちゃんと弟はいつも冷蔵庫を探しまわるようになって電気代がかかったり、家族が料理をつくるときにじゃまになったりして、ほかの生活に影響《えいきょう》がでるかもしれません。

このほか、「半分半分」や「年上だからお姉ちゃんが譲る」という方法もありますが、納得できず不満が残りそうです。利益や負担のバランスがとれる公正な解決策があればいいですよね。ちょっと考えてみましょう。まず、お姉ちゃんと弟が対立していると考えるのではなく、どちらも満足できる解決策をさぐるパートナーと考えてみてはどうでしょうか。よいアイデアが出るかもしれません。

つぎに、なぜオレンジがほしいのかを聞いてみましょう。この場合、よくよく聞いてみると、実はお姉ちゃんは皮でマーマレードをつくりたくて、弟は中身を食べたかったのです。なぜほしいのかわかれば、皮をお姉ちゃんがとって、弟は中身を食べればよいわけです。これでどちらも満足できます。このようなうまい解決策を考える方法が交渉です。

◆利益と負担のバランスをとる方法

「オレンジ紛争」は、交渉の考え方をシンプルなたとえで教えてくれます。交渉の考え方をステップとして順番にみていきましょう。

わたしたちは、ある人との間にトラブルがあると、ついつい相手を敵だと考えてしまいがちです。しかし、そう考えると、利益と負担のバランスを取り、トラブルを公正に解決するのは難しくなってしまいます。そこで、トラブルの相手を敵と考えるのではなく、一《いっ》緒《しょ》に目の前の問題を解決するパートナーとしてとらえると、どうすれば解決するのかを柔《じゅう》軟《なん》に考えることができるようになるでしょう。これを「**人と問題を分離《ぶんり》する**」と言います。

タツルくんの文化祭でいえば、お互いのクラスの委員長どうしが問題を解決するパートナーととらえることになります。これが交渉のステップ1です。

次に、オレンジ紛争のように、「オレンジがほしい」という主張ではなく、「皮でマーマレードをつくりたい」や「中身を食べたい」という主張のねっこにある理由（これを利害といいます）に目を向けることで解決できる可能性が高まります。これを、「利害に目を向ける」といいます。タツルくんの文化祭でいえば、なぜその教室を使いたいのかを考えることになります。これが交渉のステップ2です。

利害に目を向けると合意できる可能性が高まりますが、そのときに注意すべきなのが、必ずしも合意しなくてもよいということです。自分がやりたいことができなくなる解決策で合意しても満足は得られません。そのため、「これが達成できなかったら合意しない」といえるように、合意できなかったときの代わりの案を用意しておくことが大切です。これを、「BATNA《バトナ》（Best Alternative to a Negotiated Agreement）を用意する」と言います。タツルくんとサトルくんの学校の文化祭で言えば、サトルくんのクラスの委員長が、教室を使えなくなったらどうするか代わりのアイデアを考えておくということです

（合意できなければＨＲ教室であるタツルくんのクラスが教室を使うことになります）。このようにバトナを持つことが交渉のステップ３です。

利益と負担のバランスを取り公正に解決するためには、ひとりよがりの意見を言ってもだめです。習慣やルール、専門家の意見などの客観的な基準を用いることで説得力が高まります。これを**「客観的基準を使う」**と言います。タツルくんの文化祭でいえば、中立的で文化祭全体を動かしている文化祭実行委員会や先生の意見を聞くことになるでしょう。これが、交渉のステップ４です。

ステップ１からステップ４までやってきて最後は、自分だけでなくお互いに満足できる解決策を考えます。考えるときのポイントは、いま問題になっているものだけを取り合うのではなく、**いろいろなものを組み合わせて考える**ことです。

たとえば、わたしが友だちと二人でレストランに行ったとき、カキが５つ出てきました。１つずつ食べて、残り３つです。二人の間に微妙な空気が流れました。わたしはおなかがすいていなかったのですが、久しぶりに食べるカキを楽しみにしていました。友だちはそのときおなかがすいていました。そのときテーブルの上にはサイコロステーキが５つありました。そこで、わたしが残りのカキを２つ食べ、友だちがサイコロステーキを３つ食べることでどちらも満足することができました。このように、いろいろなものを組み合わせて考えることで満足できる解決策が出てきます。これを、「どちらも満足できる解決を考える」と言います。タツルくんの文化祭でいえば、問題となっている教室だけでなく、文化祭実行委員会が使っている部屋やサトルくんのＨＲ教室なども組み合わせて考えてみるとよいでしょう。これが、交渉のステップ５です。

ステップ１からステップ５まで、順番に考えてみると、利益と負担のバランスを取り公正に解決することができるでしょう。それでも解決できなかったら、先生などの第三者に間に入ってもらって解決するという方法があります。

◆文化祭のトラブルの公正な解決は……

文化祭の使用教室をめぐる話し合いは、どうすれば利益と負担のバランスを取り公正に解決できるでしょうか。まずは交渉のステップ1から順番に考えてみましょう。

ステップ1は、「人と問題を分離する」でした。まずは、クラスの委員長どうしが一緒に問題を解決するパートナーととらえることができるようになることが必要です。タツルくんやサトルくんがそれぞれの委員長にそのようにすすめてもいいですよね。

ステップ2は、「利害に目を向ける」でした。なぜこの教室を使いたいのか聞いてみると、タツルくんのクラスの委員長は「この教室はお客さんが来やすい場所にあるから、たくさんのお客さんに来てもらいやすい。集客によい場所だからこの教室を使いたい」といっています。サトルくんのクラスの委員長は「劇の演出で、ドアが2つないと演じることができない。劇でドアが2つある教室が必要だからこの教室を使いたい」といっています。そうなると、利害は「集客」と「ドア2つの教室」ということになります。

ステップ3は、「ＢＡＴＮＡを用意する」でした。サトルくんのクラスの委員長は、この教室以外のドアが2つある場所を探しておくことが重要です。

ステップ4は、「客観的基準を使う」でした。文化祭実行委員会の意見を聞いてみましょう。文化祭実行委員会としては、本番がせまっているので2クラスのトラブルを早く解決したいという思惑《おもわく》と、不満が残らずに公正に解決して文化祭を成功させたいという思いがありました。そこで、文化祭実行委員会は両者の話をよく聞いてみることにしました。

ステップ5は「どちらも満足できる解決を考える」でした。文化祭実行委員会はさまざまな荷物を置けて文化祭全体を動かしやすい部屋を本部としていました。お客さんがたくさん通る場所を本部としていたのですが、当日は、委員は学校中を回っているのでその部屋にはあまりいません。当日、その部屋には大量の荷物が置かれているだけなのです。そこで、文化祭実行委員会の本部として使われている部屋を含《ふく》めて考えてみると、「タツルくんのクラスは客が来そうな文化祭実行委員会の部屋に移る、サトルくんのクラスはタツルくんのＨＲ教室を使う、文化祭実行委員会の本部はサトルくんのＨＲ教室に置く」という解決策が出てきました。

このような交渉の考え方は、文化祭に限らず、いろいろな場面で役立ちます。ごみステーションを町内のどこに設置するかといった身近なことから、パレスチナ問題といった国

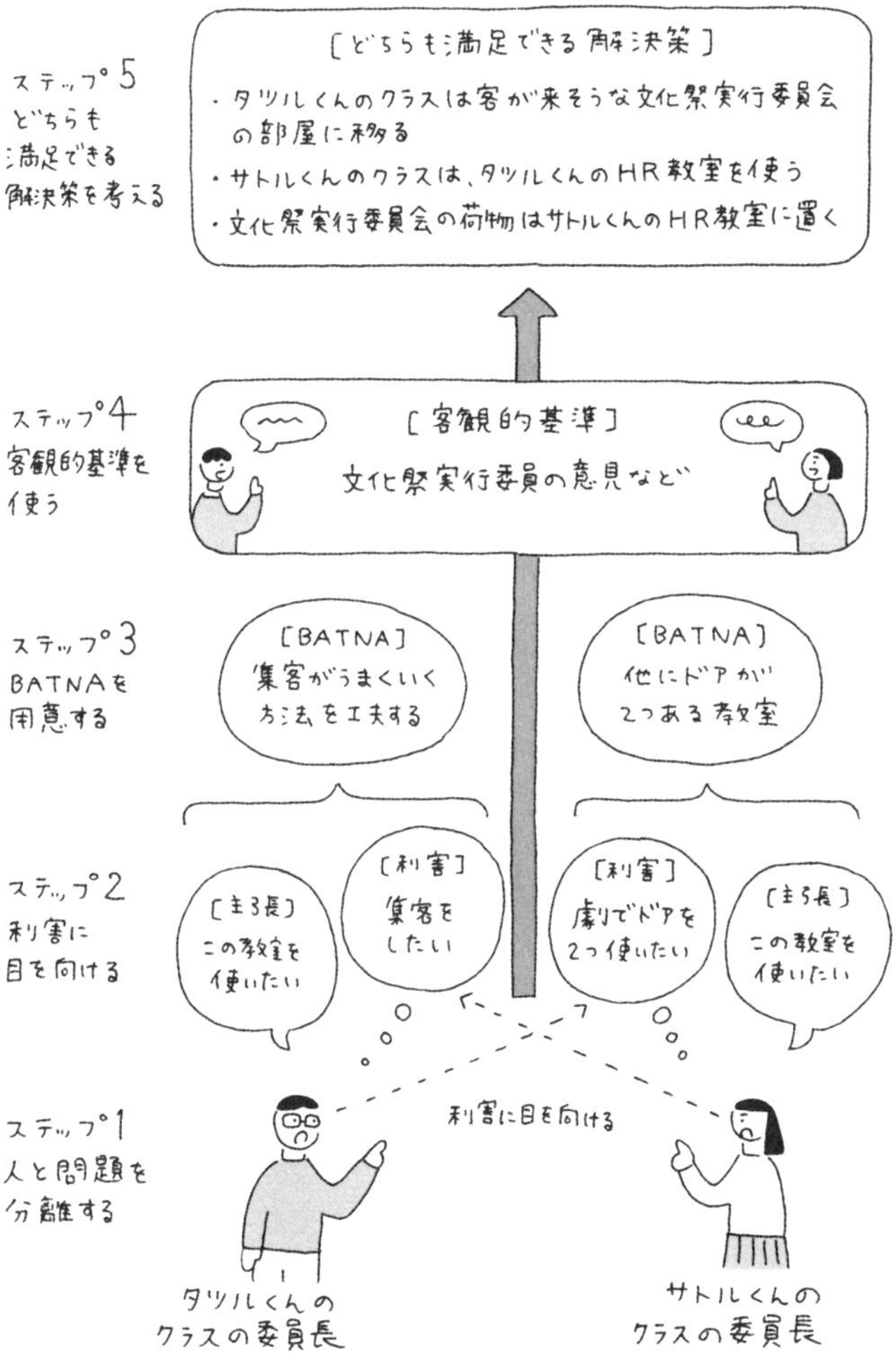
ステップ5
どちらも
満足できる
解決策を考える
[どちらも満足できる解決策]
・タツルくんのクラスは客が来そうな文化祭実行委員会の部屋に移る
・サトルくんのクラスは、タツルくんのHR教室を使う
・文化祭実行委員会の荷物はサトルくんのHR教室に置く
ステップ4
客観的基準を
使う
[客観的基準]
文化祭実行委員の意見など
ステップ3
BATNAを
用意する
[BATNA]
集客がうまくいく
方法を工夫する
[BATNA]
他にドアが
2つある教室
ステップ2
利害に
目を向ける
[主張]
この教室を
使いたい
[利害]
集客を
したい
[利害]
劇でドアを
2つ使いたい
[主張]
この教室を
使いたい
ステップ1
人と問題を
分離する
利害に目を向ける
タツルくんの
クラスの委員長
サトルくんの
クラスの委員長

際紛争まで、幅《はば》広く交渉の考え方は使われています。これからきみがトラブルに直面したときは、交渉の考え方を使って解決できないか考えてみてください。利益と負担のバランスをとり、公正に解決できるかもしれません。

第6章 同性から告白された

性とアウティング

キーワード	考えてほしいこと	取り上げる法ルールの価値
LBGT・SOGI、アウティング	**アウティングはなぜいけないの？**	**自分らしく生きる（自由）**

1 恋するきもち

恋《れん》愛《あい》って苦しいですよね。楽しいけど、なんだか胸がギュッとなります。好きな人と話しただけで嬉《うれ》しくなったり、好きな人にちょっとそっけない態度をとられると落ち込んでしまったり……。きみもそんな経験があるかもしれません。

そして、恋愛はとてもプライベートなことなので、秘密にしておきたいことだと思います。その一方で、誰《だれ》かにこの想いを聞いてほしい！　と強く感じるときもありますよね。そんな恋愛と法について考えてみましょう。

case 1

告白された相手は……

10月、文化祭という中学生として最後の学校行事が終わり、タツルくんは受験に向けていよいよ勉強という気持ちになってきました。ただ、文化祭をきっかけに付き合いはじめたカップルが何組かあり、うらやましいとも思っていました。

そんなある日、タツルくんはサトルくんから学校帰りにある相談をされました。サトルくんは「この前、友だちから告白されたんだ」といっています。タツルくんは、「えー！　すごいじゃん。だれからいわれたの？」と聞きました。サトルくんは「それが……。名前はいえないんだけど、男からなんだ」といいました。

サトルくんは続けて、「告白はことわったんだけど、その後も何回かメッセージが送られてきたり遊びに行こうって誘《さそ》われたりするんだ。だからもう連絡《れんらく》しないでって強くいいたいんだけど、気まずくなるのもいやだし、そいつがいるとみんなとも何となくうまく話せなくなっちゃって……」といいました。タツルくんが「そうなんだ……。大変だね……」と返すと、サトルくんは「うん、みんなとも遊べなくなっているから、つらいんだよね。この状態をみんなにわかってほしいんだよ。みんなに話してもいいかな。どう思う？」と聞いてきます。タツルくんは困ってしまいました。

　サトルくんは、みんなとこれまで通りに付き合うために、だれから告白されたのかということをみんなにいってよいでしょうか。

◆LGBTからSOGIへ

きみも **LGBT** ということばを聞いたことがあるでしょう。ＬＧＢＴとはレズビアン（からだの性、こころの性、恋愛対象がすべて女性の人）、ゲイ（からだの性、こころの性、恋愛対象がすべて男性の人）、バイセクシュアル（恋愛対象が男性と女性の両方の人）、トランスジェンダー（からだの性とこころの性がちがうため、からだの性に違《い》和《わ》感がある人）の頭文字をとったものです。このほか、男性と女性の真ん中あたりに自分の性がある人、男性とも女性とも決められないし決めたくない人、男性でも女性でもない人などがいます（このような人々を性的マイノリティということもあります）。性のあり方はさまざまなので、ＬＧＢＴという言葉ではとらえきれません。そこで、現在では「性的指向（Sexual Orientation）」と「性自認（Gender Identity）」の頭文字をとった **SOGI** という言葉が使われるようになってきました。

性的指向とは、どのような性別の人を好きになるか、ということです。同性を好きになる人（ホモセクシュアル）、異性を好きになる人（ヘテロセクシュアル）、両方の性を好きになる人（バイセクシュアル）、だれも好きにならない人（アセクシュアル）、だれかを好きになるけれど性的な欲求はない人（ノンセクシュアル）などがあります。性自認とは、自分の性をどのように認識しているのか、ということです。「こころの性」といわれます。「こころの性」と「からだの性」が異なって違和感がある人が、先ほど出てきたトランスジェンダーです。トランスジェンダーのなかには、「からだの性」を「こころの性」に近づけるために手術をする人もいます。

日本では、２００３年に性同一性障害特例法ができました。この法律は、戸《こ》籍《せき》の性別を変えることができることを定めたものです。ただ、性別を変える要件が厳しいのが問題となっています。その要件とは、次のようなものです。

1 18歳《さい》以上　※2022年3月までは20歳以上

2 婚姻《こんいん》をしていない

3 未成年の子がいない

4　生殖腺《せいしょくせん》がない又《また》は生殖腺の機能を永続的に欠く状態にある

5　他の性別に係る身体の性器に係る部分に近似する外観を備えている

二人以上の医師が性同一性障害と診断《しんだん》していて、かつ、5つの要件を満たさなければなりません。つまり、性別を変えるためには結婚していないことや、手術をすることが必要になるのです。

手術をするという要件が、憲法違反かどうか争われたことがありました。2019年に最高裁判所は、現時点では合憲であると結論づけました。ただ、手術をしたくない人が性別を変えるために仕方なく手術を受けることもあるから、身体の自由を制約する面もある、と述べています。そして、二人の裁判官は、「憲法に違反するとまではいえないけれど、その疑いがある。一人ひとりの人格と個性の尊重のために適切な対応がされることが大事だ」と言っていました。

また、婚姻をしていないという要件も憲法違反かどうか争われたことがあります。20

２０年３月に最高裁判所は、合憲という判断を下しました。その理由は、婚姻していないことを要件とした規定について「異性間にのみ結婚が認められている現在の婚姻秩序《ちつじょ》に混乱を生じさせかねないとの配慮《はいりょ》に基《もと》づくものだ」とし、「合理性を欠くものとはいえない」ということでした。

ただ、同性どうしの結婚については、２０２１年３月に札幌《さっぽろ》地方裁判所が、同性婚を認めない民法や戸籍法の規定が法の下《もと》の平等を定めた憲法14条に違反するとの判断を示しました。札幌地方裁判所は、「同性愛者が婚姻による法的効果の一部ですら受けられないのは合理的根拠《こんきょ》を欠き、法の下の平等を定めた憲法14条に違反する」と述べています。こうした判決が積み重なって、少しずつ法ルールは変わっていくでしょう。

こうした事例からもわかるように、性的指向・性自認は人格にかかわるとてもデリケートなものなのです。これは、まさに「自分らしく生きる自由」という点からとても大切なことといえます。

◆当事者の悩み

性の問題はとてもデリケートですので、自分の性的指向や性自認について家族や友だちに打ち明けるのは難しいことです。ある調査（日高庸晴《やすはる》「ＬＧＢＴ当事者の意識調査――いじめ問題と職場環境等の問題」２０１６年調査）によると、職場や学校で差別的発言を聞いたことのある当事者は71・7％にのぼっています。そのため、当事者は「家族を悲しませたくない」とか「友だちに自分を受け入れてもらえない」と考えて一人で苦しむ傾向があります。

同じ調査では、職場や学校でカミングアウトしている当事者は約27・6％でした。カミングアウトとは、カミングアウト・オブ・クローゼットの略で、自分の性について公表することです。自分の性について公表しないで一人で苦しんでいることを、クローゼットの中に閉じこもる、あるいは閉じ込《こ》められているようにたとえたのです。カミングアウトをすることはとても勇気がいることなので、カミングアウトをしている性的マイノリティはまだ少ないのが現状です。勇気を出してカミングアウトをしても、まわりの人に言いふらされてしまうことも起きています。

2　なんでアウティングするの？

性的マイノリティであることを本人の許可なく人に言いふらすことを、**アウティング**といいます。面白《おもしろ》半分のアウティングだけではなく、本人がまわりの人に受け入れやすくなるようによかれと思ってやるアウティングもあります。また、友だちからカミングアウトされたとき、受け止められずに周りの人にいってしまうこともアウティングになります。

サトルくんも受け止めることができずに、悩《なや》んでいましたよね。

アウティングについて、次のような事件がありました。

case ２

アウティングされた大学院生の死

ある男子大学院生Ｃさんは同性の同級生Ｄさんを好きになり、２０１５年４月にＳＮＳを使って「好きだ。付き合いたいです」と告白しました。Ｄさんからの返事は「付き合うことはできないけど、これからもいい友だちでいてほしい」というものでした。６月に、ＤさんはＳＮＳのグループにＣさんがゲイであると書きこみました。

その後、Ｃさんはこころとからだが病気になってしまい、大学のハラスメント相談室に相談しましたが、８月に大学の建物のベランダを乗りこえて転落死しました。Ｃさんの遺族は「差別や偏見《へんけん》が多い今の社会で、暴露《ばくろ》されて不安や恐怖《きょうふ》を感じた」として、その大学とＤさんに損害賠償《ばいしょう》を求めて裁判を起こしました。

裁判でＤさんは、Ｃさんの告白をことわったのに、Ｃさんに食事や遊びに誘われたり、「今日香水強いかな」といわれたりするなど、「普通《ふつう》の友人以上」に接されたと証言しました。そして、Ｄさんは精神的に不安定になり夜眠《ねむ》れなくなっていったそうです。Ｃさんを避《さ》けるためには、自分が友だちから距離《きょり》をとらなければならなくなりました。そのため、Ｃさんがゲイだと公表するしかなかったと主張しました。

　これに対して、Ｃさんの遺族は、暴露する必要はなかったと主張しました。Ｃさんの遺族とＤさんは２０１８年に和解が成立しましたが、Ｃさんの遺族と大学とは争いが続き、２０２０年に東京高等裁判所は、Ｃさんから相談を受けた大学の対応に問題はないけれど、「アウティングが人格権ないしプライバシー権等を著しく侵害《しんがい》する許されない行為《こうい》であるのは明らか」と判断をくだしました。アウティングは人格権やプライバシー権を侵害するものだとはっきりといったのです。

カミングアウト
実は…
ぼくはゲイなんだ
アウティング
カミングアウトを
抱えきれなくて……
ここだけの話、
○○ってゲイなんだって
よかれと思って……
みんなが○○くんを
受け入れやすくなるように
伝えておこう
○○って
ゲイなんだよ

◆アウティングは法的にどうなっているのか？

この大学がある東京都国立市《くにたち》は、全国ではじめてアウティング禁止についての条例をつくりました（２０１７年可決・２０１８年４月施行《しこう》）。条例には「何人も、性的指向、性自認等の公表に関して、いかなる場合も、強制し、若《も》しくは禁止し、又は本人の意に反して公《おおやけ》にしてはならない」と書かれました。つまり、カミングアウトを強制することの禁止、カミングアウトを禁止することの禁止、アウティングの禁止が明確に示されたのです。ただ、この条例で法的な責任は問われません。法的な責任を求めるときは、民法が根拠になります。アウティングは、プライバシー権の侵害で、不法行為となります。プライバシー権の侵害の要件（この本の２章にあります）を満たしていて、アウティングされたことで社会的な評価が下がった場合は、アウティングした人に法的な責任を求めることができると考えられています。

都道府県レベルでは、三重県《みえ》が２０２１年４月からアウティングとカミングアウトの強制を禁止する条例を施行しました。罰《ばつ》を与《あた》えるというきまりはないのですが、県民や企《き》

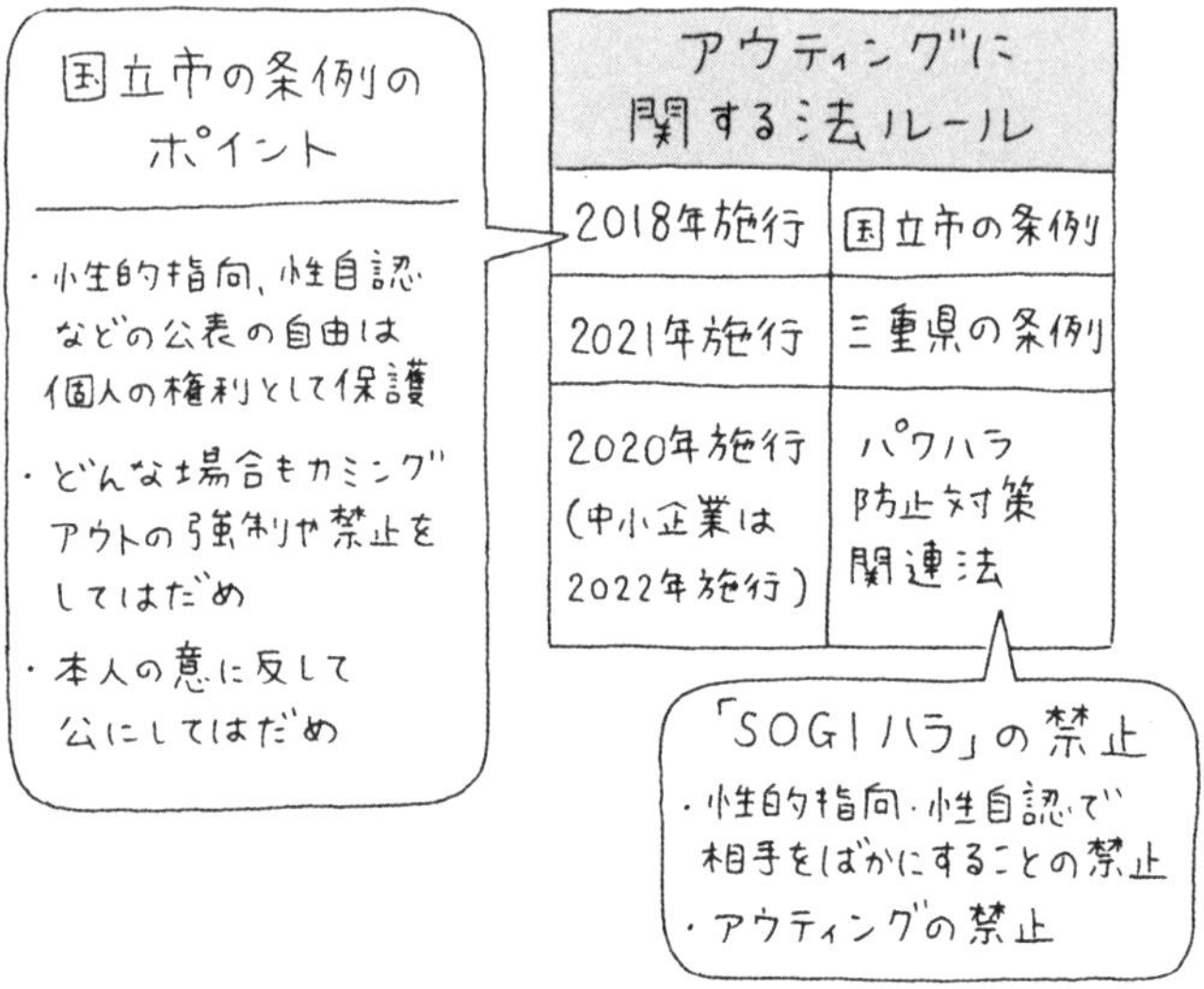

業《ぎょう》に協力するように要請《ようせい》をしています。

国レベルでは、2019年にはパワハラ防止対策関連法の指針が発表されました。この指針で、パワハラのなかに「SOGIハラ」が含《ふく》まれることとなり、性的指向・性自認で相手をばかにすることの禁止と、アウティングの禁止が明確になりました。この法律は、大企業では2020年6月から施行されています（中小企業は2022年4月から施行）。

このように、性について自分らしく自由に生きるために、性的指向・性自認にかかわることを法ルールで守っていくという動きが出てきているのです。

◆タツルくんは何といえばよいのだろう？

ここまでの内容をふまえると、サトルくんに相談されたタツルくんは、どのように答えればよいのでしょうか。みんなと遊びづらくなってしまったというサトルくんの悩みは大きいようです。一方、サトルくんに告白をした友だちの悩みは、それ以上に大きいでしょう。そう考えると、タツルくんはサトルくんに「みんなに話しなよ」とアウティングをすすめることはできません。サトルくんの悩みをじっくりと聞いて、一緒《いっしょ》に考えることがまずは必要になるでしょう。きみがタツルくんだったら、どのように答えますか。

第7章 入試は平等でないといけない？

アファーマティブ・アクション

キーワード	考えてほしいこと	取り上げる法ルールの価値
目的、手段、平等、アファーマティブ・アクション	**入試での平等って何？**	**利益や負担のバランスをとる（公正）**

1 入試に向けてがんばるわけは？

きみは受験をしたことがありますか。これから高校受験でしょうか。それとも中学受験や高校受験はもう経験したでしょうか。わたしがつとめている学校でも、高校3年生は大学入試に向かってがんばって勉強しています。なぜがんばって勉強するかというと、試験によって平等に評価されると信じているからでしょう。でも、入試における平等とは何なのでしょうか。

case
1

男女で合格点がちがう？

　1月、いよいよ高校受験シーズンがやってきました。タツルくんが行きたい公立高校は、募集《ぼしゅう》定員が男子と女子で異なっています。中学3年生の男女比に合わせて決められた定員です。しかし例年、男子の受験者が多く女子の受験者は少ないため、男子のほうが入るのが難しいとうわさされていました。タツルくんは「男と女で合格点がちがうのはおかしいよ」と思いながらも、毎日遅《おそ》くまで勉強しています。男子と女子で合格できる点数がちがうのは平等とはいえないのでしょうか。

これには、「なにが平等なのか」という点がかかわっています。平等についての考え方を見ていきましょう。

◆平等っていうけれど

一口に「平等」といっても、いろいろな意味があります。ここでは、**絶対的平等**と**相対的平等**という考え方を紹介《しょうかい》しましょう。

絶対的平等とは、社会で生きているいろいろな人をまったく同じように取り扱《あつか》い、異なった取り扱いをするべきではないという考え方です。しかし、まったく同じに取り扱うことでかえって都合が悪くなることもあります。たとえば、体育祭で男子と女子を分けずに相撲《すもう》を取ったらどうなるでしょうか。一般《いっぱん》的には男子と女子では身体の大きさもちがいますし、力の強さもちがいがあります。そうしたちがいを考えないで男女で相撲を取らせたら、きっと男子が勝つでしょう。それは利益と負担のバランスが欠けているので、公正ではないと思いませんか。また、年収1億円の人と年収２００万円の人にどちらも同じように50万円の税金を課したらどうでしょうか。年収1億円の人にとって50万円は大した額ではないでしょうが、２００万円の人にとって50万円はとても大きな負担です。これも負担のバランスが欠けているので、公正とはいえませんよね。

そこで、等しいものは等しく、等しくないものには等しくなくする相対的平等という考え方があります。たとえば、体育祭の競技で男子と女子を分けたり、年収によって税の額を変えたりすることがこれにあたります。区別がよいのか悪いのかという判断はとても難しいですが、多くの人が納得《なっとく》できる合理的な理由があればＯＫ、合理的な理由がないと差別になります。

タツルくんの高校受験でいえば、男子と女子でちがった取り扱いをすることは認められず募集定員を男子と女子で分けるべきではないというのが絶対的平等で、合理的な理由があるから募集定員を男子と女子で分けたほうがよいというのが相対的平等になります。

2 目的と手段は合っている？

入試の平等性ということについて問題となったのが、ある国立大学の入試でした。

case 2

国立大後期試験 9人中5人が女性枠！

2010年、ある国立大学の理学部は、2012年度の一般試験から数学科の後期日程定員9人のうち5人を女性枠《わく》とすると発表しました。その理由として、「優秀《ゆうしゅう》な女性の人材を育成しなければ、数学分野のみならず社会にとっても損失が大きい」、「女性ならではの視点と感性で教育、研究に多様性をもたせたい」、

「女性研究者を増やす」といったことがあげられています。この制度は平等でしょうか。

これを中学生に聞いてみると、男子からは「大学はこの入試で話題になるし、社会にとってもリケジョが増えるからいいじゃん」という意見や、「今の社会はまだまだ男中心。女性の研究者が増えることで別の視点が生まれるし、研究も活発になるから賛成」という意見が出てきました。一方で、「女子よりも点数をとった男子が女性枠によって落ちるのは納得できない」「チャンスは平等なんだからテストの点数で判断されるのが平等」といった反対意見もありました。女子からは、「そんな枠で受かってもうれしくない。女子枠だから入れたんでしょと思われたくない」という意見も出ました。

中学生はこのように言いますが、よく考えてみると、この大学が提案しているのは後期試験の話です。数学科の募集は全体で54人でした。その内訳は、前期36人、後期9人、A

〇入試9人のうちの5人が女性枠、ということなのです。数学科の募集54人に対して、女性の入学者は2011年度が8人、2010年度は5人、2009年度は7人、2008年度は3人、2007年度は11人でした。全受験者に占《し》める女性は、2011年度は154人のうち17人、2010年度は175人のうち32人です。これをみると、女性がとても少ないという大学の問題意識がうかがえます。また、2011年当時、国立大学・大学院で女性教員が占める割合は約13%でした。この制度を提案した大学で女性教員が占める割合は10・5%、数学分野では約4%でした。

　こんなに女性が少ないのは「能力の差」では説明がつきません。社会環境《かんきょう》、職場環境、社会の雰囲気、社会制度などさまざまな原因がありそうです。こうした状況《じょうきょう》を少しでも変えようと、この国立大学は入試における女性枠という提案をしたのでしょう。この制度では、後期試験の女性枠は5人ですが、一定のレベルに達しない人は落とすので、5人に達しないこともあるという条件つきでした。また、二次試験の科目は、一般枠は数学のみですが、女性枠は「グローバル社会において活躍《かつやく》できる人材養成の観点から」英語が追加されていました。この国立大学の提案は、議論をよびました。賛成、反対ともに多くの意見が出たのです。

◆アファーマティブ・アクションってなに？

この国立大学入試の女性枠のような取り組みを、**アファーマティブ・アクション**といいます。これは、弱い立場にあった人たちに特別なチャンスを与《あた》えることで、実質的な平等を目指す取り組みです。アメリカの大学では人種や民族的なマイノリティに対して、受験で優遇《ゆうぐう》措置《そち》をとることが行われてきました。日本では、２０１５年に企業《きぎょう》に女性の登用をうながす女性活躍推進法がつくられ、２０１８年には選挙で男女の候補者数が同じになるようにすることを目指す候補者男女均等法がつくられています。また、国や自治体、企業が障がい者を雇《やと》う最低基準も法律で決められています。

アファーマティブ・アクションを進めようとする背景には、社会の中で弱い立場にある人は、他の人と同じスタートラインに立てないという考えがあります。**これまでの社会の**

中の差別によって生まれた不平等をできるだけなくして、スタートラインをなるべく同じにしようということです。

一方で、アファーマティブ・アクションに対しては、優遇措置を受けられない人のチャンスが減るから逆差別ではないかという意見や、「アファーマティブ・アクションだから合格できたんでしょ」とみられる危険があるという指摘《してき》があります。

◆目的と手段はよい？

話題となった国立大学の女性枠はアファーマティブ・アクションという考え方にもとづいて提案されていたことがわかりました。では、国立大学入試の女性枠が平等なのか考えてみましょう。このように法ルールを評価するときには、「目的は正当だろうか」、「手段は目的を達成するために適切だろうか」と考えるとよいでしょう。

まず、女性枠をつくった目的を考えてみましょう。大学は「優秀な女性の人材を育成しなければ、数学分野のみならず社会にとっても損失が大きい」といっています。これ自体は多くの人が納得できるでしょう。その目的を達成するための手段はどうでしょうか。全体で54人の募集で後期試験の9人中5人という枠で、英語の試験もやって一定のレベルに達しない人は落とすというのであれば、目的を達成する手段としてはよいといえるでしょう。

次に、男性と女性の立場を入れ替《か》えても、この取り組みを受け入れられるか考えてみましょう。これが最も問題となりました。現実には、「国立大学の入試で女性枠をつくるのは男性差別につながる」「法の下《もと》の平等ではない」などの批判があって、結局この大学は、発表した翌年にこの計画をとりやめることにしました。

◆公立高校の合格点は男女ちがったままでいいの？

タツルくんが行きたい公立高校の募集定員が、男子と女子で異なっている、という法ルールの目的は何なのでしょうか。

教育委員会によると、かつて男女共学が始まったころ、男女の教育機会を平等にするために取り入れられたそうです。男女の教育機会を平等にするという目的は、多くの人が納得できるでしょう。

では、目的を達成するための手段として男女別定員はどうでしょうか。男女別定員が取り入れられたころ、男子と女子で高校への進学率にちがいがありました。女子のほうが低かったのです。また、もともと男子校だった高校には男子が多く入りたがり、もともと女子校だった高校には女子が多く志望していたという事情もありました。

しかし、いまは男子も女子も中学校を卒業した生徒の98・8%が高校に進学しますし、むかし男子校もしくは女子校だったから入りたくないというようなことはあまりないでしょう。そうなると、手段が適切でないのかもしれません。

公立高校入試の男女別定員は、その自治体が決めた法ルールです。**入試の法ルールもその時々の人々の価値観によって変わってきます。**法ルールの背景には、平等や公正をめぐるさまざまな考え方があります。きみも、どのような入試が平等で公正なのか考えてみてください。

あとがき

まえがきでも書きましたが、わたしは中学・高校の教員です。法律の条文を覚えたり解釈《かいしゃく》したりするのではなく、法ルールの基本的な価値や考え方を使って生徒の身近なことや社会で問題になっていることを考える授業を心がけています。

鉄道会社との契約《けいやく》や文化祭のトラブル、ＳＮＳによるプライバシー侵害《しんがい》やアウティングなど、この本で取り上げたできごとを考えるときに、法の基本的な価値である「自由」や「公正」という観点でみてみると、考えやすくなります。そして、「みんなとうまく生きていく」という目的に合わない法ルールがあるときは変えることができる。これがこの本できみに伝えたいことです。

わたしたちは一人ひとりちがいます。価値観がちがう人と契約を結び一緒《いっしょ》に生きていくこと（1章）で社会が成り立っています。しかし、価値観がちがうわけですから、トラブルが起こります。そのようなとき、文化祭のトラブル（5章）のように当事者どうしで交渉《こうしょう》をすることになります。それで解決できないときは、ＳＮＳでのプライバシー侵害（2章）のように第三者に入ってもらって解決をはかります。部活の大会にだれを出すか決めるとき（4章）のようにみんなで話し合うこともあります。それでも解決できないときは、他人にけがをさせたとき（3章）やアウティング（6章）のように裁判になるときもあります。トラブルを解決するときには、アファーマティブ・アクション（7章）のように、いまある法ルールを見直して新しく法ルールをつくっていくことも必要になるでしょう。

法ルールは、いろいろな価値観をもつ人がともにうまく生きていくためにあります。そのため、固定されたものではなく、常に変わっていくものなのです。きみもそんな法ルールを変える一員なのです。

最後に、中学校や高校の学習と、この本で取り上げたような「法の基本的な価値」

の関係について簡単に述べておきます。高校に入ると、公民科の「公共」という科目を勉強します（2022年4月から）。この科目は、「公正」や「自由」などの価値を手がかりとして現代社会のいろいろな問題の解決策を考える科目です。この科目の中で、成年となる年齢《ねんれい》、契約、身近なトラブル解決、プライバシーなどを学びます。話し合いや合意形成などは「公共」だけでなく、国語などでも扱《あつか》われます。こうした高校の学習の基礎となる部分を知るために本書を使ってもらうとよいと思います。

この本を書くきっかけは、筑波《つくば》大学附《ふ》属《ぞく》駒場《こまば》中・高等学校の同僚《どうりょう》である国語科の森《もり》大徳《ひろのり》先生と司書の加《か》藤《とう》志《し》保《ほ》先生が、執筆《しっぴつ》を勧《すす》めてくれたことです。お二人には貴重な機会を与《あた》えていただき、誠《まこと》に感謝しております。

また、私を法教育に導いてくださった恩師である筑波大学名誉《めいよ》教授の江《え》口勇治《ぐちゆうじ》先生には、原稿《げんこう》全体に目を通して温かいコメントをいただきました。大阪大学名誉教授の野村美明《のむらよしあき》先生には、法律専門家の視点から丁寧《ていねい》に原稿全体の法的なチェックをしていただきました。感謝申し上げます。

筑摩《ちくま》書房《しょぼう》編集局の金子《かねこ》千里《ちさと》さんには、プロット段階から原稿整理、校正までとても細やかで丁寧な仕事をしていただきました。金子さんは原稿に鋭《するど》く丁寧な指摘《してき》をしてくれ、わたしを導いてくれました。誠にありがとうございました。

最後に、妻の郁子《いくこ》と3人の子どもたちにお礼をいいたいと思います。いつも支えてくれてありがとう。

2021年8月　小貫《おぬき》　篤《あつし》

次に読んでほしい本

NHKEテレ「昔話法廷《むかしばなしほうてい》」制《せい》作《さく》班《はん》編
『昔話法廷』
金の星社、2016年

NHKEテレで放送された番組を書籍《しょせき》化したものです。きみも番組を見たことがあるかもしれません。話は、昔話の「3匹《びき》のこぶた」に登場する末っ子のこぶたが、オオカミを殺したとして訴《うった》えられた裁判が開廷するところから始まります。検察官は殺人罪を主張し、弁護人は正当防衛で無罪を主張します。その後、亡《な》くなったオオカミの母や、長男のこぶたが証人として登場します。最後は評議の途中《とちゅう》で話が終わり、自分で考える余地が残されています。このほかにも「カチカチ山」や「白雪姫《ひめ》」を法的に考えるお話も収録されています。

昔話やおとぎ話を今の法ルールに当てはめて考えるなんて、面白《おもしろ》いですよね。

わたしは、おとぎ話を今の法ルールに当てはめて考えるという発想にヒントをもらって、ディズニー映画「リトル・マーメイド」で授業をしたことがあります。この映画で、主人公の人魚姫アリエルは人間の王子に恋《こい》をして人間になりたいと、海の魔女《まじょ》アースラと「人間にしてもらう代わりに声をアースラにあげる」という契約《けいやく》を結びます。アリエルの父で海の王様トリトンが、この契約を知って「こんな契約は認めない」と契約書を破こうとしますが契約書は破けず、アースラが「正式な契約はたとえ国王でも破棄《はき》できないのさ」と言うシーンがでてきます。これはまさに契約自由の原則を表していて面白いですよね。ここで、生徒に「人魚姫アリエルと海の魔女アースラが結んだ契約は有効か？」と問いかけます。すると生徒は、「契約内容に問題があるから無効だ」とか「契約は成立しているのだから有効だ」といい、盛り上がります。なかには「そもそも人魚って人なの？」、「アリエルは未成年だから親が取り消せるはず」といった鋭《するど》い意見をいう生徒もいます。そこで、「契約内容のどこに問題がある？」、「契約は成立すればすべて有効になるの？」、「人って法的にどう定められているの？」、「未成年は結んだ契約を取り消せるの？」ということを議論していくのです。

きみもちょっと見方を変えて本を読んだり、映画を見たりすると面白い発見ができるかもしれません。ぜひやってみてください。

大村《おおむら》敦志《あつし》
『父と娘《むすめ》の法入門』
岩波ジュニア新書、2005年

この本の著者は、日本を代表する民法学者・大村敦志先生です。大村先生にはここ数年、（オンラインですが）わたしの授業に来て、生徒に民法の話をしてもらっています。大村先生の話は毎回具体的な事例が豊富でとても面白く、生徒も真剣《しんけん》に聞いています。この本は、そんな大村先生が娘さんと会話をするという形式で書かれています。とても読みやすく、中学生が十分理解できると思います。

この本には、きみの常識をくつがえすであろうことが、いろいろと書いてあります。たとえば、「生物としてのヒトと、法的な人はイコールか」や、「アマミノクロウサギという動物が裁判を起こすことができるのか」といった話がでてきます。身近な話題から法について学べるという点では、きみが手にしているこの本にも影響《えいきょう》を与《あた》えてくれています。

デフォー／平《ひら》井《い》正《まさ》穂《お》訳
『ロビンソン・クルーソー（上）（下）』
岩波文庫、1967年、1971年

きみも幼いころ、絵本で読んだのではないでしょうか。わたしも幼いころ、ロビンソン・クルーソーの大冒険《ぼうけん》に心躍《おど》りました。大きくなってこの本を読んでみると、とても示《し》唆《さ》に富んでいるなと思います。公民の授業では、ロビンソン・クルーソーを経済の学習として取り上げることがありますが、法的にも十分におもしろい内容です。

この本は、法ルールがみんなでうまく生活していくためにつくられたということを、わかりやすく示してくれています。ロビンソン・クルーソーは、乗っていた船が難破して無人島にたどりつき、数十年をひとりで暮らしますよね。ひとりで暮らしているロビンソンにとって法ルールは必要でしょうか。ちょっと考えてみてください。

完全にひとりで生きているとしたら、必要ないでしょう。法ルールはひとりではなくだれかとともに生活をしたり、社会をつくったりするときに必要になります。自分とまったく同じ考えや行動をする人はいないため、いろいろな人と一緒《いっしょ》に生活するときには、考え方のちがいからトラブルが起こりがちです。そうしたトラブルを解決し、自分とはちがう他者とともにうまく生きていくために法ルールが必要になってくるのです。ロビンソンの生活も、ロビンソンがフライデーと名づけた先住民と出会ってからは、法ルールができています。これが3人、4人、10人、50人と、ともに生活する人が多くなると、さらに明確な法ルールが必要になります。社会が大きくなればなるほどさまざまな価値観や考えをもった人が多くなるためです。異なる価値観や考えを持つ人と社会をつくっていくときに秩《ちっ》序《じょ》が必要になり、そのために、強制力をもった法ルールが生まれるのです。人に強制するとなると、どのような内容か、どのような手続きでつくったり変えたりするのか、どのようにトラブルを解決するのかを明確にすることが必要になります。そのうえで、国によって最終的に強制される法ルールが法律なのです。

　このようなことが、読んでいるうちに、楽しみながらわかってくるはずです。

瀧《たき》川《かわ》裕《ひろ》英《ひで》編
『問いかける法《ほう》哲《てつ》学《がく》』
法律文化社、2016年

15人の研究者が、15のテーマを書いています。中学生にはちょっと難しいかもしれませんが、テーマをみれば興味がわく人がいると思います。テーマは、「自分の臓器を売ることは許されるべきか？」、「犯罪者を薬物で改善してよいか？」、「女性専用車両は男性差別か？」、「同性間の婚姻《こんいん》を法的に認めるべきか？」、「悪法に従う義務はあるか？」、「国家は廃止《はいし》すべきか？」などです。思わず考えたくなるようなテーマでしょう。

わたしもこのテーマをヒントにいくつか授業をつくりました。基礎《きそ》的な知識がないとこんなことを考えられないと思うかもしれませんが、いきなり問いを考えることも大切です。問いを考える途中《とちゅう》で、その都度必要な知識や考え方を身に付ければいいのです。

いま社会はどんどん変化して、何かしらの知識を覚えればよいという時代ではありません。社会で起こるさまざまな問題に対して、調べて、話し合って、考えて、他者とともに解決していくことが求められています。そうしたときに、この本のような「問いを考える」という姿勢はとても大切だと思います。気になるテーマから気軽に読んでみてください。

小貫篤

おぬき・あつし

1984年茨城県生まれ。筑波大学附属駒場中・高等学校公民科教諭などを経て、2022年4月より、埼玉大学教育学部准教授。生徒が社会問題について考え、解決策を最高裁判事や国会議員に提案するような授業を行っている。社会問題を解決するために、法の考え方や、トラブルの当事者がいずれも利益を得られる解決に導く交渉の技能を学ぶことが重要と考えている。共著に『高校社会「公共」の授業を創る』（明治図書出版）、編著に『話し合いでつくる　中・高 公民の授業』（清水書院）などがある。

ちくまQブックス

法《ほう》は君《きみ》のためにある

みんなとうまく生《い》きるには？

2021年10月20日　初版第一刷発行
2024年11月10日　初版第三刷発行

著　者　　小貫篤
装　幀　　鈴木千佳子
発行者　　増田健史
発行所　　株式会社筑摩書房
　　　　　東京都台東区蔵前2-5-3　〒111-8755
　　　　　電話番号03-5687-2601（代表）
印刷・製本　中央精版印刷株式会社

ISBN978-4-480-25115-2 C0332